공부 잘하는 아이, 독서 잘하는 아이로 키우려면
어휘력 먼저 키워 주어야 합니다!

공부 잘하고 책 잘 읽는 똑똑한 아이들에게는 공통점이 있습니다. 바로 그 아이들이 알고 있는 단어가 많다는 것입니다. 어휘력이 좋아서 책을 잘 읽는 것은 이해가 되는데, 어휘력이 좋아야 공부도 잘한다는 것은 설명이 좀 필요할 것 같습니다. 다음 말을 읽고 곰곰이 한번 생각해 보세요.

"사람은 자신이 아는 단어의 수만큼 생각하고 표현한다."
"하나의 단어를 아는 것은 그 단어를 둘러싸고 있는 세상을 아는 것이다."

이 말에 동의한다면 왜 어휘력이 좋아야 공부를 잘하는지 알 수 있을 것입니다. 공부는 세상을 이해하고 자신을 표현하는 일련의 과정이기 때문에, 어휘력을 키우면 세상을 이해하는 능력과 사고력이 자라서 공부를 잘하는 바탕이 마련됩니다.

예를 들어 볼까요? 두 아이가 있습니다. 한 아이는 '알리다'라는 낱말만 알고, 다른 아이는 '알리다' 외에 '안내하다', '보도하다', '선포하다', '폭로하다'라는 낱말도 알고 있습니다. 첫 번째 아이는 어떤 상황이든 '알리다'라고 뭉뚱그려 생각하고 표현합니다. 하지만 두 번째 아이는 길을 알려 줄 때는 '안내하다'라는 말을, 신문이나 TV에서 알려 줄 때는 '보도하다'라는 말을, 세상에 널리 알릴 때는 '선포하다'라는 말을 씁니다. 또 남이 피해를 입을 줄 알면서 알릴 때는 '폭로하다'라고 구분해서 말하겠지요. 이렇듯 낱말을 많이 알면, 보다 정확하게 이해하고 정교하게 표현할 수 있습니다.

〈세 마리 토끼 잡는 초등 어휘〉는 아이들의 어휘력을 키워 주려고 탄생했습니다. 아이들이 낱말을 재미있고 효율적으로 배울 뿐 아니라, 낯선 낱말을 만나도 그 뜻을 유추해 내도록 이끄는 것이 〈세 마리 토끼 잡는 초등 어휘〉의 목표입니다. 공부 잘하는 아이, 독서 잘하는 아이로 키우고 싶다면, 이 글을 읽는 순간 이미 목적지에 한 발 다가선 것입니다. 〈세 마리 토끼 잡는 초등 어휘〉가 공부 잘하는 아이, 독서 잘하는 아이로 책임지고 키워 드리겠습니다.

세마리 토끼 잡는 초등 어휘 는 어떤 책인가요?

1 한자어, 고유어, 영단어 세 마리 토끼를 잡아 어휘력을 통합적으로 키워 주는 책

〈세 마리 토끼 잡는 초등 어휘〉는 한자어와 고유어, 영단어 실력을 단단하게 만들어 주는 책입니다. 낱말 공부가 지루한 건, 낱말과 뜻을 1:1로 외우기 때문입니다. 이렇게 공부하면 낯선 낱말을 만났을 때 속뜻을 헤아리지 못해 낭패를 보지요. 〈세 마리 토끼 잡는 초등 어휘〉는 속뜻을 이해하면서 한자어를 공부하고, 이와 관련 있는 고유어와 영단어를 연결해서 공부하도록 이루어져 있습니다. 흩어져 있는 글자와 낱말들을 연결하면 보다 재미있게 공부하고 오래 기억할 수 있습니다.

2 한자가 아니라 '한자 활용 능력'을 키워 주는 책

많은 아이들이 '날 생(生)' 자는 알아도 '생명', '생계', '생산'의 뜻은 똑 부러지게 말하지 못합니다. 한자와 한자어를 따로따로 공부하기 때문이지요. 〈세 마리 토끼 잡는 초등 어휘〉는 한자를 중심으로 다양한 한자어를 공부하도록 구성하여 한자를 통해 낯설고 어려운 낱말의 속뜻도 짐작할 수 있는 '한자 활용 능력'을 키워 줍니다.

3 교과 지식과 독서·논술 실력을 키워 주는 책

〈세 마리 토끼 잡는 초등 어휘〉는 추상적인 낱말과 개념어를 잡아 주는 책입니다. 고학년이 되면 '사고방식', '민주주의' 같은 추상적인 낱말과 개념어를 자주 듣게 됩니다. 이런 어려운 낱말은 아이들의 책 읽기를 방해하고 공부에 대한 흥미를 잃게 하지요. 하지만 〈세 마리 토끼 잡는 초등 어휘〉로 공부하면 낱말과 지식을 함께 익힐 수 있어서, 교과 공부는 물론이고 독서와 논술을 위한 기초 체력도 기를 수 있습니다.

세마리 토끼 잡는 초등 어휘 는 어떻게 이루어져 있나요?

1 전체 구성

〈세 마리 토끼 잡는 초등 어휘〉는 다섯 단계(총 18권)로 이루어져 있습니다.

단계	P단계	A단계	B단계	C단계	D단계
대상 학년	유아~초등 1년	초등 1~2년	초등 2~3년	초등 3~4년	초등 5~6년
권 수	3권	4권	4권	4권	3권

2 권 구성

〈세 마리 토끼 잡는 초등 어휘〉 한 권은 내용에 따라 PART1, PART2, PART3으로 나누어져 있습니다.

PART1 핵심 한자로 배우는 기본 어휘(2주 분량)

10개의 핵심 한자를 중심으로 한자어와 고유어, 영단어를 익히는 곳입니다. 한자는 단계에 맞는 급수와 아이들이 자주 듣는 낱말이나 교과 연계성을 고려해 선별하였습니다. 한자와 낱말은 한눈에 들어오게 어휘망으로 구성하였고, 다양한 활동을 통해 낱말의 뜻을 익힐 수 있게 꾸렸습니다. 또한 교과 관련 낱말을 별도로 구성해서 교과 지식도 함께 쌓을 수 있습니다.

단계별 구성(P단계에서 D단계로 갈수록 핵심 한자와 낱말의 난이도가 높아지고, 낱말 수도 많아집니다.)

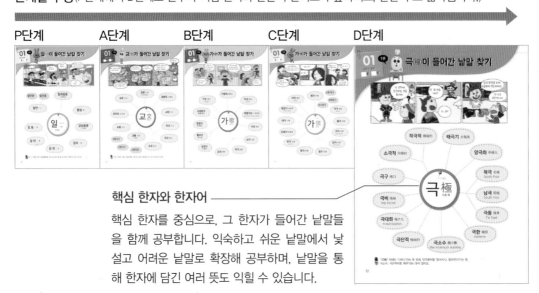

핵심 한자와 한자어

핵심 한자를 중심으로, 그 한자가 들어간 낱말들을 함께 공부합니다. 익숙하고 쉬운 낱말에서 낯설고 어려운 낱말로 확장해 공부하며, 낱말을 통해 한자에 담긴 여러 뜻도 익힐 수 있습니다.

PART2 뜻을 비교하며 배우는 관계 어휘(1주 분량)

관계가 있는 여러 낱말들을 연결해서 공부하는 곳입니다. '輕(가벼울 경)', '重(무거울 중)' 같은 상대되는 한자나, '동물', '종교' 등 하나의 주제를 중심으로 관련 있는 낱말들을 모아서 익힐 수 있습니다.

상대어로 배우는 한자어

상대되는 한자를 중심으로 상대어들을 함께 묶어 공부합니다. 상대어를 통해 어휘 감각과 논리력을 키울 수 있습니다. ——

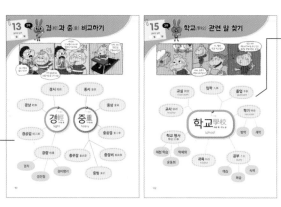

주제로 배우는 한자어

음식, 교통, 방송, 학교 등 하나의 주제와 관련 있는 낱말을 모아서 공부합니다.

PART3 소리를 비교하며 배우는 확장 어휘(1주 분량)

소리가 같거나 비슷해서 헷갈리는 낱말이나, 낱말 앞뒤에 붙는 접두사·접미사를 익히는 곳입니다. 비슷한말을 비교하면서 우리말을 좀 더 바르게 쓸 수 있습니다.

헷갈리는 말 살피기

'가르치다/가리키다', '～던지/～든지'처럼 헷갈리는 말이나 흉내 내는 말을 모아 뜻과 쓰임을 비교합니다.

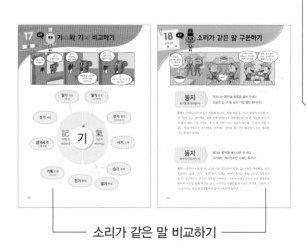

소리가 같은 말 비교하기

소리가 같은 한자를 중심으로, 소리는 같지만 뜻이 다른 동음이의어를 공부합니다.

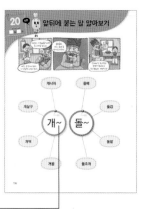

접두사·접미사 ——

'～장이/～쟁이'처럼 낱말 앞뒤에 붙어 새로운 뜻을 더하는 접두사·접미사를 배웁니다.

세 마리 토끼 잡는 초등 어휘 1일 학습은 **어떻게** 짜여 있나요?

어휘망

어휘망은 핵심 한자나 글자, 주제를 중심으로 쓰임이 많은 낱말을 모아 놓은 마인드맵입니다. 한자의 훈음과 관련 낱말들을 익히면, 한자를 이용해 낱말들의 속뜻을 짐작할 수 있습니다.

먼저 확인해 보기

미로 찾기, 십자말풀이, 색칠하기 등 다양한 활동을 하며 낱말의 뜻을 정확히 알고 있는지 확인할 수 있습니다.

익숙한 말 살피기

낱말을 아이들 눈높이에 맞춰 한자로 풀어 설명합니다. 한자와 뜻을 연결해 공부하면서 한자를 이용한 속뜻 짐작 능력을 키울 수 있습니다.

교과서 말 살피기

교과 내용을 낱말 중심으로 되짚어 봅니다. 확장된 지식과 낱말 상식 등을 함께 공부할 수 있습니다.

특별 구성

★ '주제로 배우는 한자어'는 동물, 학교, 수 등 주제를 중심으로 관련 어휘를 확장해서 공부합니다.

속뜻 짐작 능력 테스트

앞에서 배운 내용을 잘 이해했는지 확인하고, 핵심 한자를
활용해 낯설거나 어려운 낱말의 뜻을 스스로 짐작해 봅니다.

어휘망 넓히기

관련 있는 영단어와 새말 등을
확장해서 공부할 수 있습니다.
QR 코드를 찍으면 영어 발음을
듣고 배울 수 있습니다.

재미있는 우리말 유래 / 이야기

재미있는 우리말 유래/이야기

한 주 학습을 마치면, 우리말 유래나 우리
말에 얽힌 이야기를 소개하는 재미있는 만
화가 기다리고 있습니다.

★ '헷갈리는 말 살피기'는 소리가 비슷한 낱말들을 비교할 수 있게 구성하였습니다.

세 마리 토끼 잡는 초등 어휘 이렇게 공부해요

1 매일매일 꾸준히 공부해요

〈세 마리 토끼 잡는 초등 어휘〉는 매일 6쪽씩 꾸준히 공부하는 책이에요. 재미있는 활동과 만화가 있어서 지루하지 않게 공부할 수 있지요. 공부가 끝나면 '○주 ○일 학습 끝!' 붙임 딱지를 붙이고, QR 코드를 이용해 영어 발음도 들어 보세요.

2 또 다른 낱말도 찾아보아요

하루 공부를 마치고 나면, 인터넷 사전에서 그날의 한자가 들어간 다른 낱말들을 찾아보세요. 아마 '어머, 이 한자가 이 낱말에 들어가?', '이 낱말이 이런 뜻이었구나.'라고 깨달으며 새로운 즐거움에 빠질 거예요. 새로 알게 된 낱말들로 나만의 어휘망을 만들면 더욱 도움이 될 거예요.

3 보고 또 봐요

〈세 마리 토끼 잡는 초등 어휘〉는 PART1에 나온 한자가 PART2나 PART3에도 등장해요. 보고 또 보아야 기억이 나고, 비교하고 또 비교해야 정확히 알 수 있기 때문이지요. 책을 다 본 뒤에도 심심할 때 꺼내 보며 낱말들을 내 것으로 만들어 보세요.

한 주 학습표	월	화	수	목	금	토
	매일 6쪽씩 학습하고, '○주 ○일 학습 끝!' 붙임 딱지 붙이기					주요 내용 복습하기

세마리 토끼잡는 초등 어휘

C단계 4권

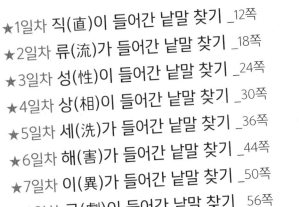

contents

자, 준비됐니?
토야와 같이
출발~!

PART 1

PART1에서는 핵심 한자를 중심으로
우리말과 영어 단어, 교과 관련 낱말 들을 공부해요.

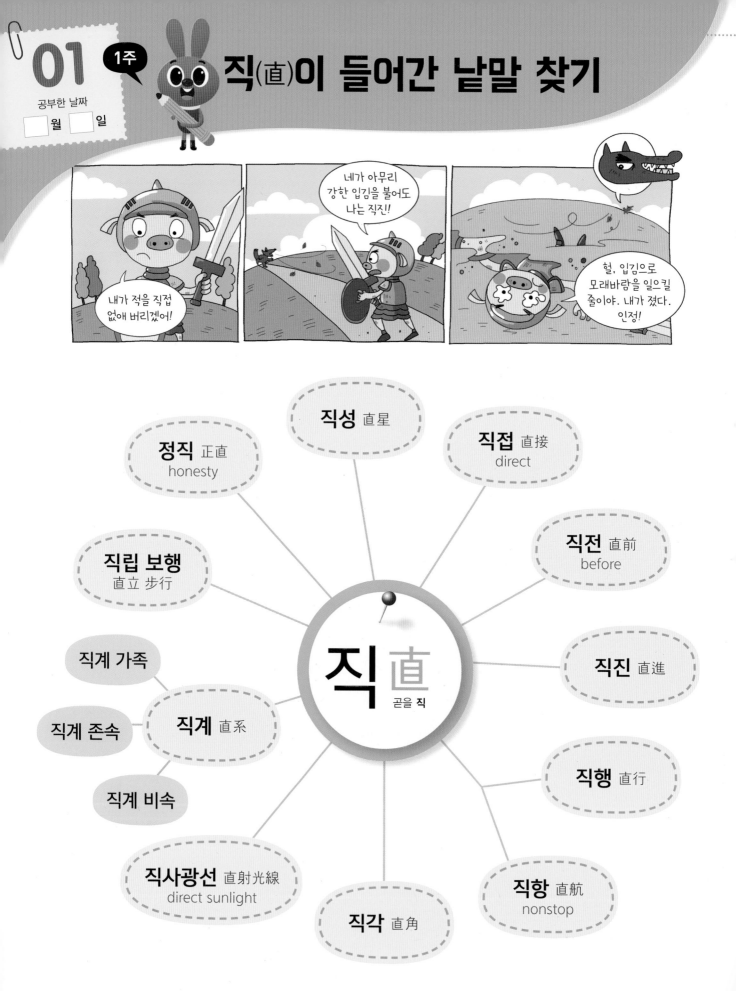

1 현수가 가족을 소개하고 있어요. 밑줄 친 낱말의 뜻을 찾아 빈칸에 기호를 써 보세요.

① 할아버지는 늘 저보고 **정직**한 사람이 되라고 하세요.

② 할머니는 **직접** 음식을 만들어 이웃에게 나누어 주시는 취미가 있어요.

③ 아빠는 비행기 조종사인데 국제선 **직항** 노선을 자주 비행해요.

④ 엄마는 늘 집 안 구석구석을 깨끗히 청소해야 **직성**이 풀린대요.

⑤ 형은 어른을 만나면 허리를 **직각**으로 굽혀 인사해요.

⑥ 누나는 **직사광선**을 피하기 위해 늘 자외선 차단제를 발라요.

⑦ 나는 학교에 언제나 지각하기 **직전**에 도착해요.

⑧ 보리는 **직계** 가족은 아니지만 우리 가족이나 다름없어요.

ㄱ 마음이 바르고 곧음.

ㄴ 중간에 다른 것이 끼어들지 않고 바로 연결됨.

ㄷ 사람이 타고난 성질이나 성미

ㄹ 정면으로 곧게 비치는 햇빛

ㅁ 어떤 일이 일어나기 바로 전

ㅂ 할머니, 할아버지, 부모와 자녀들로 이루어진 가족

ㅅ 비행기나 배가 다른 곳에 들르지 않고 바로 목적지에 도착함.

ㅇ 두 직선이 만나 이루는 각이 90°인 각

13

정직
正(바를 정) 直(곧을 직)

정직은 마음이 거짓 없이 바르고(바를 정, 正) 곧은(곧을 직, 直) 것을 말해요. 반대로 마음이 곧지 못해 남을 속이려는 것을 '아니 불/부(不)' 자를 넣어 '부정직'이라고 해요.

직성
直(곧을 직) 星(별 성)

직성은 타고난 성격이나 마음씨를 뜻해요. '나는 먹고 싶은 건 꼭 먹어야 직성이 풀려.'라는 문장에서 '직성이 풀리다'는 제 성격대로 되어 만족스럽다는 뜻이에요.

직접
直(곧을 직) 接(이을 접)

직접은 중간에 다른 사람을 통하거나 무언가를 거치지 않고 바로(곧을 직, 直) 연결되는(이을 접, 接) 것을 말해요. 반대로 중간에 다른 사람이나 무언가를 거쳐 연결되는 것은 '사이 간(間)' 자를 넣어 '간접'이라고 해요.

직전
直(곧을 직) 前(앞 전)

직전은 어떤 일이 일어나기 바로 전을 말해요. '출발 직전에 전화를 받았어요.'처럼 쓸 수 있어요. 반대로 어떤 일이 일어난 바로 다음은 '뒤 후(後)' 자를 붙여 '직후'라고 해요.

직진
直(곧을 직) 進(나아갈 진)

차를 타고 갈 때, 도로 위 차량 신호등에 녹색이 뜨면 직진해야 해요. 이때 **직진**은 곧장(곧을 직, 直) 앞으로 나간다는(나아갈 진, 進) 뜻이에요.

직행 / 직항
直(곧을 직) 行(다닐 행)
航(배 항)

직행은 가다가 중간에 다른 곳을 들르지 않고 곧바로 목적지까지 가는 거예요. 비행기나 배가 어딘가 들르지 않고 목적지로 가는 것은 **직항**이라고 하지요.

직각
直(곧을 직) 角(뿔 각)

직각은 두 직선이 곧게(곧을 직, 直) 뻗어서 만나는 각(뿔 각, 角)이 90°인 각이에요. 3시와 9시 정각일 때 시계의 긴 바늘과 짧은 바늘이 이루는 각이 직각이에요.

직사광선
直(곧을 직) 射(쏠 사)
光(빛 광) 線(줄 선)

직사광선은 가로막힘 없이 곧게(곧을 직, 直) 비치는(쏠 사, 射) 빛(빛 광, 光)의 줄기(줄 선, 線)를 뜻해요. 한여름에 뜨거운 직사광선을 받으며 오래 서 있으면 위험하답니다.

직계
直(곧을 직) 系(이어 맬 계)

조부모, 부모, 자녀, 손자 사이의 관계를 **직계**, 또는 '직계 가족'이라고 해요. '직계 존속'은 나보다 윗대의(높을 존, 尊) 조상인 조부모, 부모 등을, '직계 비속'은 나보다 아랫대의(낮을 비, 卑) 자녀, 손자 등을 뜻해요.

직립 보행
直(곧을 직) 立(설 립/입)
步(걸음 보) 行(다닐 행)

'보행'은 걸어 다닌다는 뜻이에요. '보행에 지장이 없다.', '보행 규칙' 등으로 쓰지요. **직립 보행**은 허리를 똑바로(곧을 직, 直) 세워서(설 립/입, 立) 두 발로 걷는 거예요.

네모난 모양의 직사각형과 직육면체

교실 창문이나 칠판, 텔레비전은 모두 네모난 모양이에요. 크기는 다양해도 모든 각이 직각이지요. 이렇게 네 개의 각이 직각인 사각형을 직사각형이라고 해요.

그런데 우리 주변에 있는 주사위나 휴지 상자, 택배 상자 같은 물건은 어떤 모양이라고 하면 될까요? 그냥 '네모나다', '직사각형이다'라고 말하기에는 뭔가 부족해요. 이 물건들처럼 직사각형(곧을 직, 直) 여섯(여섯 륙/육, 六) 개로 둘러싸인 도형을 '직육면체'라고 한답니다. 그러면 직육면체의 특징을 알아볼까요? 옆에 있는 휴지 상자를 들어 살펴보아도 돼요. 우선 평평한 직사각형 모양의 면이 있어요. 그리고 면과 면이 만나는 곳에는 날카로운 모서리가 있지요. 이 모서리 세 개가 꼭짓점에서 만나요. 이제 직육면체는 모두 몇 개의 모서리와 꼭짓점이 있는지 휴지 상자를 들어 세어 보세요. 모두 12개의 모서리와 8개의 꼭짓점이 있지요. 그럼 직육면체 그림을 보면서 그 특징을 정리해 볼까요?

〈직육면체〉

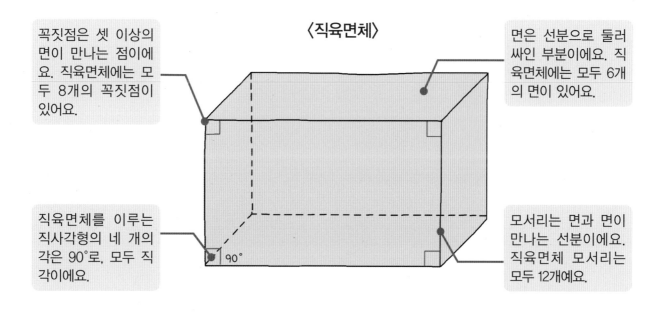

꼭짓점은 셋 이상의 면이 만나는 점이에요. 직육면체에는 모두 8개의 꼭짓점이 있어요.

면은 선분으로 둘러싸인 부분이에요. 직육면체에는 모두 6개의 면이 있어요.

직육면체를 이루는 직사각형의 네 개의 각은 90°로, 모두 직각이에요.

모서리는 면과 면이 만나는 선분이에요. 직육면체 모서리는 모두 12개예요.

 톡

사각형은 각이 네 개인 도형으로, 고유어로는 '네모'라고 해요. '네 개의 모'라는 뜻이지요. '모'는 선과 선의 끝이 만난 곳, 혹은 '모서리'나 '모퉁이'를 말해요.

1 빈칸에 들어갈 말을 보기에서 찾아 쓰세요.

> 옛날 신라 시대 경주에 갑부로 소문난 최 부자가 살고 있었어요. 최 부자 집 가훈에는 '흉년에는 논을 사지 마라.'라는 내용이 있었어요. 흉년이 들어 굶어 죽기 [   ]이 되면 사람들이 땅을 싼값에 파는데, 그 땅을 사지 말라는 것이었지요. 땅을 팔면 당장은 배고픔을 채울 수 있지만, 곧 농사지을 땅이 없어 가난이 계속되기 때문이었어요.

> 보기   직성   정직   직사광선   직전

2 각 문장을 읽고 (   )에서 알맞은 낱말을 골라 ○ 하세요.

① 이건 내가 집에서 (**직접** / **직계**) 구운 쿠키야. 먹어 볼래?

② 우리 집에서 외가까지 바로 가는 (**직각** / **직행**) 버스가 있어.

③ 한여름에 뜨거운 (**직사광선** / **직립 보행**)을 받으며 오래 서 있으면 위험해.

3 속뜻짐작 빈칸에 들어갈 낱말을 골라 보세요. (   )

〈배달 퉁〉에서 알리는 뉴스!!!!

꽃 피고 새 울고 나비가 날갯짓하는 봄이 왔습니다. 봄을 맞아 '배달 퉁'이 싱싱한 산나물을 산지에서 바로 배송하는 서비스를 시작했습니다. 산에서 갓 뜯은 나물을 아무 데도 거치지 않고 곧바로 여러분께 보내는 '배달 퉁'의 새로운 [   ] 서비스를 받아 보세요.

① 직항   ② 직후   ③ 직송   ④ 직각

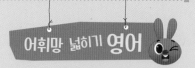

휴가철이면 공항이 어김없이 해외 여행객들로 붐비는 걸 뉴스에서 본 적 있지요?
공항에서 자주 쓰는 항공편과 관련된 표현은 어떤 게 있을까요?

one-way ticket ⟷ round-trip ticket

출발지에서 도착지로 가는 하나의 여정만 포함된 '편도 티켓'은 one-way ticket, 출발지에서
도착지로 갔다가 다시 돌아오는 두 개의 여정이 포함된 '왕복 티켓'은 round-trip ticket이라고
해요.

Is your ticket to Paris a one-way ticket?
(네 파리행 티켓은 편도 티켓이니?)

No. I bought a round-trip ticket.
(아니, 나는 왕복 티켓을 샀어.)

1주 1일
학습 끝!

붙임 딱지 붙여요.

layover, stopover

도착지가 가까운 곳이거나 큰 도시일 경우, 곧바로 가는 비행편이 있어요. 이렇게 도착지까지
곧바로 가는 비행편은 '직항', 영어로는 direct flight라고 해요. 그렇지 않을 때에는 중간에 비
행기를 갈아타게 되는데, 이렇게 중간에 쉬어 가는 것을 '경유'라고 하고, 영어로는 layover 혹
은 stopover라고 해요.

layover와 stopover는 의미의 구분 없이 쓰이곤 하지만 엄연히 뜻이 달라요. 24시간 이상 쉬어
가면 stopover, 그보다 짧게 쉬어 가면 layover라고 해요. stopover는 오래 쉬어 가야 하는 만
큼 비행기에 실었던 짐을 도로 되찾아야 한다는 번거로움이 있지만, 비행기를 갈아타기 전까지
시내로 나가 이곳저곳을 여행할 수 있다는 장점도 있어요.

layover

stopover

QR 찍고 발음 듣기

류(流)가 들어간 낱말 찾기

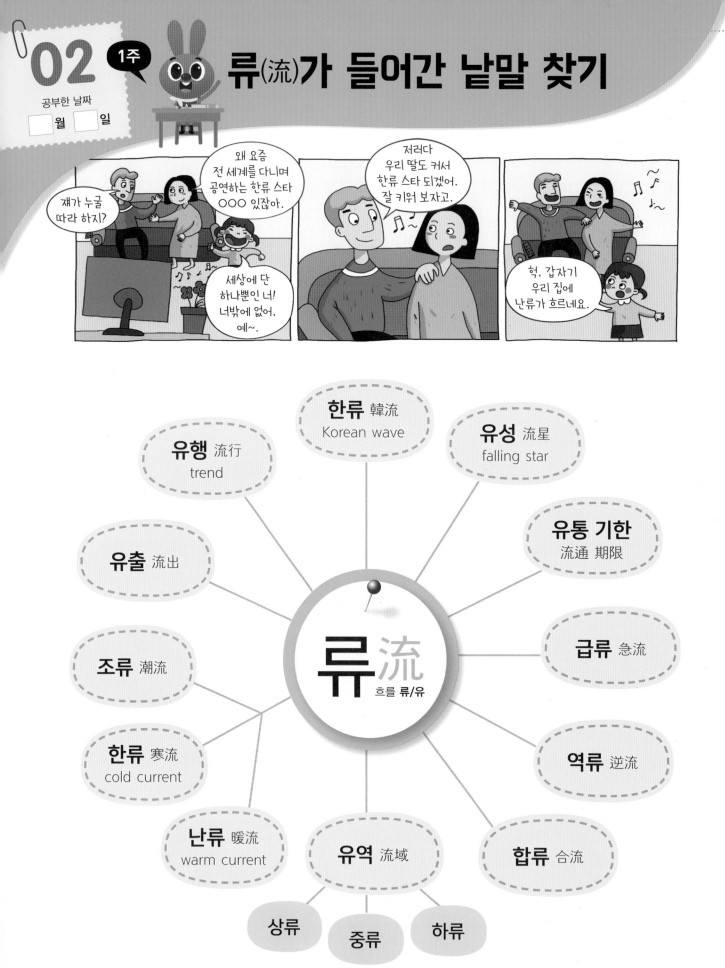

1 물고기가 바다를 향해 가려고 해요. 설명하는 낱말을 따라 바다까지 가 보세요.

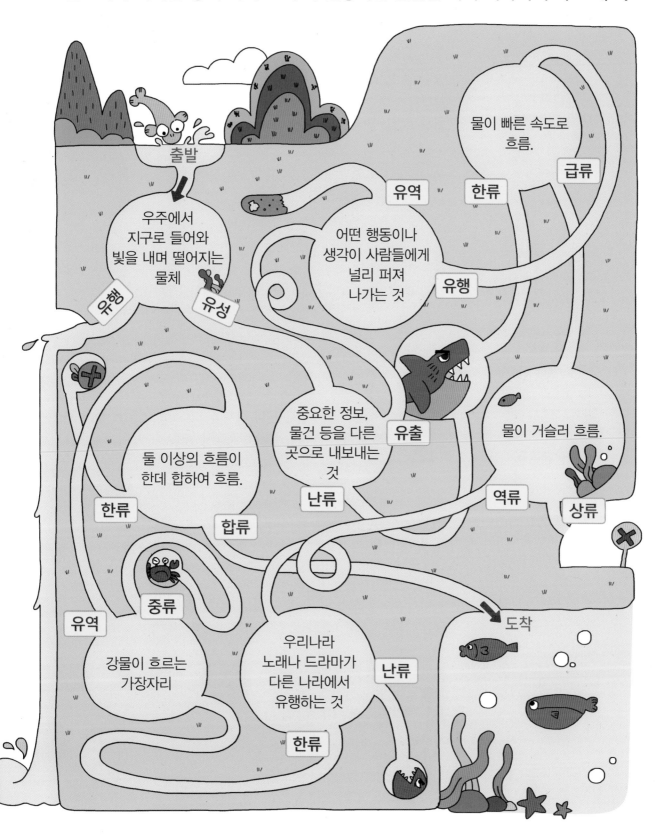

유행
流(흐를 류/유) 行(다닐 행)

유행은 어떤 행동이나 물건, 문화가 사람들 사이에서 인기를 끌며 널리 퍼지는 거예요. 지금 친구들이 많이 좋아하고 따라 하는 노래나 춤, 말투, 옷 등이 바로 지금 유행하고 있는 것이지요.

한류
韓(나라 이름 한) 流(흐를 류/유)

우리나라 노래나 드라마 같은 대중문화가 다른 나라에서 유행하는 것을 한류라고 해요. 한류는 1990년대 말, 동남아시아와 중국, 일본에서 시작해 지금은 유럽과 미국에서도 유행하고 있답니다.

유성
流(흐를 류/유) 星(별 성)

유성은 우주에 있던 물체가 지구 안으로 들어와 빛을 내며 떨어지는 거예요. 고유어로는 별똥별이라고 해요.

유통 기한
流(흐를 류/유) 通(통할 통)
期(기약할 기) 限(한정 한)

유통 기한은 시장이나 마트에서 그 물건을 언제까지 팔아도 되는지 정해 놓은 기간이에요. '유통'은 물건 만든 사람에게서 물건을 쓸 사람한테 가기까지 과정이고, '기한'은 미리 한정해 놓은 시기를 말해요.

급류
急(급할 급) 流(흐를 류/유)

급류는 물이 급하고 세게 흐르는 것을 말해요. 또는 '시대의 급류를 타다'라는 말처럼 사회가 아주 빠르고 급작스럽게 변하는 것을 뜻하기도 해요.

역류
逆(거스를 역) 流(흐를 류/유)

하수구로 물이 빠져나가지 못하고 위로 넘쳐 흐르는 것처럼 물이 아래에서 위로 거꾸로 흐르는 것을 '거스를 역(逆)' 자를 써서 역류라고 해요.

합류
合(합할 합) 流(흐를 류/유)

합류는 따로 흐르던 냇물이 하나의 강물을 이루는 것처럼 둘 이상의 흐름이 한데 합하여(합할 합, 合) 흐르는(흐를 류/유, 流) 거예요. 여행 갈 때 따로 떨어져 출발했다가 한 곳에서 만나는 것도 '합류'라고 해요.

유역
流(흐를 류/유) 域(지경 역)

'지경 역(域)' 자에는 가장자리라는 뜻이 있어요. 그래서 강물이 흐르는 가장자리 지역을 유역이라고 해요. '상류'는 물줄기가 시작하는 곳이고, 강의 중간 부분은 '중류', 바닷가로 흘러 들어가는 부분은 '하류'라고 해요.

난류 / 한류
暖(따뜻할 난) 流(흐를 류/유)
寒(찰 한)

바다는 일정한 방향으로 흘러가며 지구를 돌고 있어요. 이를 '해류'라고 하는데 온도가 따뜻한 난류와 차가운 한류가 있어요. 밀물과 썰물 같은 바닷물의 흐름은 '조류'라고 해요.

유출
流(흐를 류/유) 出(날 출)

유출은 밖으로 흘러(흐를 류/유, 流) 나간다(날 출, 出)는 말이에요. 귀중한 물건이나 정보를 다른 회사나 나라로 내보내는 것을 '유출'이라고 하지요.

상류부터 하류까지 강물의 흐름

우리나라에는 한강, 금강, 낙동강 등 강이 많아요. 강은 넓고 길게 흐르는 물줄기예요. 대부분 산골짜기에서 좁게 흐르기 시작해 마지막에는 넓어져서 바다로 흘러들어요. 그래서 상류, 중류, 하류로 구분해 부르지요. 상류에서는 흙을 깎는 '침식 작용'이 주로 일어나고 중류에서는 돌 같은 걸 나르는 '운반 작용'이, 하류에서는 중류에서 날라 온 게 쌓이는 '퇴적 작용'이 일어나요. 그림을 보며 좀 더 자세히 살펴볼까요?

〈상류, 중류, 하류의 특징〉

강의 상류

강 상류는 대부분 산처럼 높은 곳에서 시작되기 때문에 강의 폭이 좁고, 경사가 급해요. 바위나 돌, 바위 등이 깎여 나가는 '침식 작용'이 주로 일어나요. 강바닥에는 물살에 떠밀려 가지 않은 크고 모가 울퉁불퉁 난 돌이 깔려 있어요.

강의 중류

중류는 강폭이 상류보다는 넓지만, 하류보다는 좁아요. 경사도 상류보다는 급하지 않아요. 상류에서 흘러 온 흙을 운반하면서 흐르지요. 강바닥과 주변에 작고 둥글둥글한 자갈이 많아요.

강의 하류

하류는 강폭이 넓고 경사가 아주 완만해서 강물이 천천히 흘러요. 중류에서 운반돼 온 흙이 쌓이는 '퇴적 작용'이 주로 일어나지요. 흐르면서 구르고 강물에 깎여서 작고 둥글둥글해진 자갈과 고운 모래가 많아요.

강 하류와 바다가 만나는 곳에 생기는 삼각주는 삼각형 모양의 편평한 지대예요. 강물이 계속 들어오기 때문에 영양분이 많아서 주로 농사짓는 땅으로 사용돼요. 삼각주를 고유어로는 '세모벌'이라고 하는데 '세모'는 삼각형을 뜻하고, '벌'은 넓고 평평하게 생긴 땅이라는 뜻이에요. '갯벌'과 '벌판'의 '벌'도 모두 같은 뜻이랍니다.

1 빈칸에 들어갈 낱말을 보기 에서 찾아 써 보세요.

이게 요즘 [　　　]하는 패션이야.

[　　　]이 많이 지난 거잖아.

보기　유성　유통 기한　유행

2 빈칸에 들어갈 낱말은 무엇일까요? (　　　)

여기저기 따로 흐르던 물줄기가 한데 합해져 흐르는 것을 [　　]라고 해요.

① 한류　　　② 유역　　　③ 합류　　　④ 역류

3 속뜻 짐작 다음 빈칸에 들어갈 낱말을 골라 보세요. (　　　)

우리나라엔 쌀이 많이 나요. 하지만 바나나는 거의 없어요.

우리나라엔 바나나가 많이 나요. 하지만 쌀은 거의 없어요.

그럼 두 나라가 쌀과 바나나를 서로 주고받으면 되겠네요. 이처럼 나라끼리 서로 물건이나 문화를 주고받는 것을 [　　]라고 해요.

① 교류　　　② 전류　　　③ 유민　　　④ 중류

시냇물이나 계곡, 강과 바다는 모두 물의 흐름과 관계있는 장소예요.
이 네 장소들을 영어로 알아볼까요?

valley

valley는 산과 산 사이, 깊은 골에 생긴 '골짜기', '계곡'을 뜻해요. '산골짜기'는 mountain valley예요.

stream

stream은 '시내', '개울'을 말해요. '냇물이 흐르다'라는 말로도 쓰이지요. 그래서 '콧물이 줄줄 흐르는 감기'를 streaming cold라고 해요. '눈물이 줄줄 흘렀다.'는 'Tears streamed down my face.'라고 말해요.

I주 2일
학습 끝!

붙임 딱지 붙여요.

river

river는 '강'이에요. '강을 건너다'라고 할 때는 cross a river, '강물이 흐른다.'라고 할 때는 'A river flows.'라고 하죠. '한강'은 영어로 the Han River예요.

sea

sea는 '바다'예요. 우리나라 '동해'는 East Sea 또는 Donghae라고 써요. '서해'는 Yellow Sea, 이스라엘에 있는 '사해'는 Dead Sea라고 해요.

QR 찍고 발음 듣기

성(性)이 들어간 낱말 찾기

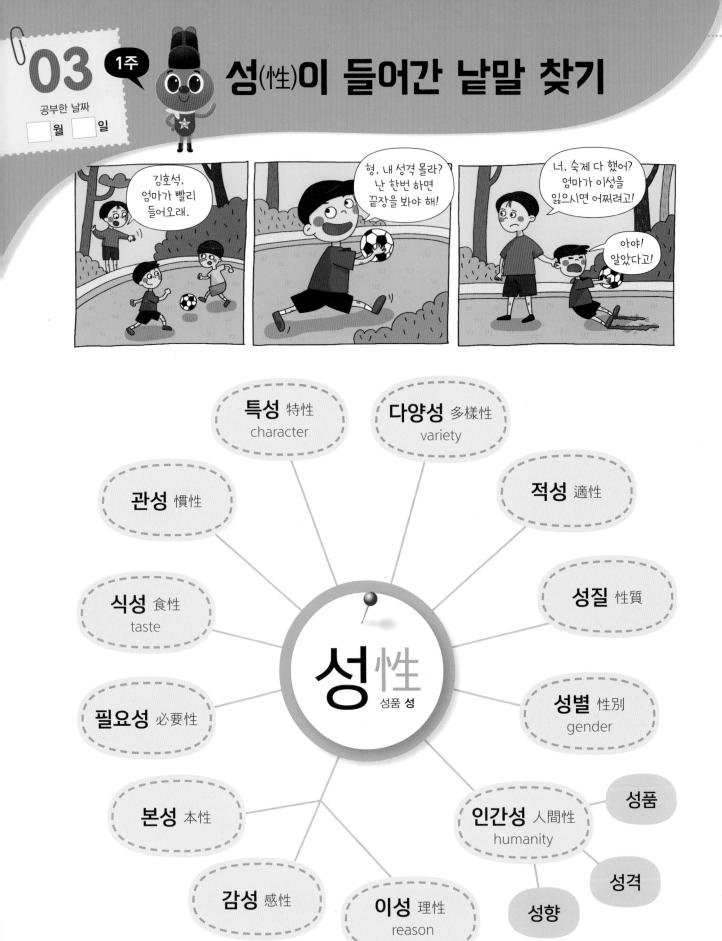

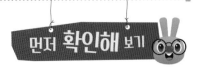

1 빈칸에 알맞은 낱말을 찾아 선으로 이어 주세요.

아무거나 잘 먹는 것을 보니
너는 □□이 좋구나.

소나무가 멸종 위기에 처해 있으니
우리가 나서서 보호할 □□이 있다.

아무리 화가 나는 일이 있어도
□□을 잃으면 안 돼.

제비 다리를 일부러 부러뜨린 것만 봐도
놀부는 □□이 안 좋은 사람이야.

배고프다고 엄마께 □□을 부렸다가
꾸중만 들었다.

말하는 걸 좋아하는 형은 □□을 살려
아나운서가 되고 싶대.

성질

적성

식성

필요성

인간성

이성

2 설명에 알맞은 낱말의 글자를 찾아 차례대로 색칠해 주세요.

① 모양, 색깔, 종교나 성별, 인종 같은
여러 가지 특성(세 글자)

| 다 | 호 | 양 | 지 | 구 | 성 |

② 감정으로 판단하고 행동하는 것(두 글자)

| 사 | 감 | 요 | 정 | 성 | 진 |

③ 남자, 여자를 나눔.(두 글자)

| 양 | 검 | 성 | 대 | 별 | 등 |

④ 물체가 움직이던 방향으로 계속
움직이려는 성질(두 글자)

| 색 | 곰 | 회 | 관 | 양 | 성 |

특성
特(특별할 특) 性(성품 성)

특성은 사물이나 사람에게 있는 특별한(특별할 특, 特) 성질(성품 성, 性)을 말해요. '이것은 바닷가라는 고장의 특성을 살려 만든 해산물 요리야.'처럼 쓸 수 있어요. 비슷한말로 '다를 이/리(異)' 자를 넣은 '특이성'이 있어요.

다양성
多(많을 다) 樣(모양 양) 性(성품 성)

사람마다 나이, 키, 몸무게, 얼굴 생김새 등이 달라요. 이처럼 모양, 색깔, 종교, 성별, 인종 등의 성질이 여러 가지인 것을 **다양성**이라고 해요.

적성
適(맞을 적) 性(성품 성)

적성은 어떤 일을 할 때 잘 적응할 수 있는 능력이나 소질을 뜻해요. 유치원 선생님이 되려면 관찰력과 인내력이 필요하고 또 아이들을 좋아해야 해요. 이처럼 직업을 선택할 때 중요한 것 중 하나가 적성이에요.

성질
性(성품 성) 質(바탕 질)

성질은 사람이 본래 지닌 성격이나 어떤 사물만이 갖고 있는 특성을 가리켜요. '성질이 급하다.', '물과 기름은 성질이 다르다.'처럼 쓸 수 있어요.

성별
性(성품 성) 別(다를 별)

남자와 여자로 나누는 걸 **성별**이라고 해요. 사람뿐 아니라 대부분의 동물과 식물도 생김새나 색깔, 겉으로 드러난 특징으로 성별을 알 수 있어요.

인간성
人(사람 인) 間(사이 간) 性(성품 성)

인간성은 사람의 본성이에요. 됨됨이를 뜻할 때는 '성품'과 같아요. 인간성은 대체로 '명랑하다', '꼼꼼하다'처럼 말하는 사람의 '성격'이나 '소비 성향'처럼 사람의 버릇인 '성향'을 보면 알 수 있어요 .

이성 / 감성
理(다스릴 리/이)
性(성품 성) 感(느낄 감)

이성은 상황을 차분하게 생각하고 판단해서 행동하는 거예요. 반대로 감정으로 판단하고 행동하는 것을 '느낄 감(感)' 자를 써서 **감성**이라고 해요. 본성은 사람이나 사물이 근본적으로 타고난 성질을 말해요.

필요성
必(반드시 필) 要(구할 요) 性(성품 성)

필요성은 무언가가 반드시(반드시 필, 要) 있어야(구할 요, 要) 하는 이유를 말해요. '미세 먼지와 황사가 심한 요즘 공기 청정기의 필요성이 커지고 있습니다.'처럼 쓸 수 있어요.

식성
食(먹을 식) 性(성품 성)

식성은 음식을 좋아하거나 싫어하는 성향을 뜻해요. 동물이 무엇을 먹는지 말할 때에도 초식성, 육식성처럼 식성이라는 말을 써요. 비슷한말로 '먹성'이 있어요.

관성
慣(버릇 관) 性(성품 성)

관성은 하던 버릇(버릇 관, 慣)대로 계속하려는 성질(성품 성, 性)이란 뜻으로, 물체가 외부의 힘을 받지 않는 한 정지 상태나 움직임을 계속 유지하려는 성질을 말해요.

계속 유지하려는 힘, 관성

차에 타면 꼭 안전띠를 매야 해요. 달리는 차가 어딘가 부딪치거나 갑자기 멈추면 차에 탄 사람의 몸이 앞으로 쏠리는 '관성' 때문에 크게 다칠 수 있거든요. '관성'은 물체가 원래 있던 상태를 그대로 유지하려는 성질이에요. 관성 때문에 움직이던 물체는 계속 움직이려 하고, 멈춰 있는 물체는 계속 멈춰 있으려고 하지요.

〈우리 생활 속 관성 찾기〉

달리고 있는 차에서 차에 탄 사람은 앞쪽으로 운동하는 성질을 지니게 돼요. 그런데 차가 갑자기 멈추면 사람의 몸이 앞으로 치우쳐요. 계속 앞쪽으로 운동하려는 성질이 남아 있어서 몸이 앞으로 쏠리게 되는 거예요.

방망이로 이불을 털면 이불에서 먼지가 떨어져 나가요. 방망이로 이불을 두드리면 이불은 뒤로 움직이지만 이불에 붙어 있던 먼지는 그 자리에 그대로 있으려고 하기 때문이지요.

날달걀과 삶은 달걀을 동시에 돌리면 삶은 달걀은 금방 멈춰요. 하지만 날달걀은 좀 더 돌다 멈춰요. 날달걀 안에 있는 흰자, 노른자가 액체 상태이기 때문에 계속 돌아가려 하거든요.

달리기나 마라톤 경주에서 선수들이 결승점에 도착했는데도 얼마간 계속 달리는 것을 볼 수 있어요. 달리면서 몸이 계속 앞으로 나아가려는 관성이 있기 때문에 결승선을 지나서도 계속 달리는 거예요.

1 빈칸에 알맞은 낱말을 보기에서 찾아 쓰세요.

① 우리는 [   ]이 달라요. 나는 중식을, 형은 양식을 좋아해요.

② 우리는 [   ]이 달라요. 나는 여자고 오빠는 남자예요.

③ 우리는 [   ]이 달라요. 나는 차분하지만, 언니는 반대로 덤벙대요.

④ 누구나 자기 몸에 맞는 옷을 입을 [   ]이 있어요.

보기 성격   식성   필요성   성별

2 왼쪽에 있는 낱말의 뜻풀이를 찾은 후 비슷한말을 찾아 선으로 이어 주세요.

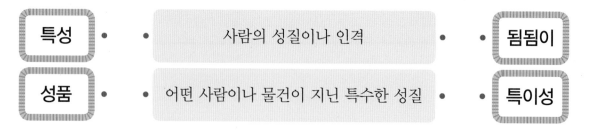

특성 •   • 사람의 성질이나 인격 •   • 됨됨이

성품 •   • 어떤 사람이나 물건이 지닌 특수한 성질 •   • 특이성

3 속뜻 짐작 빈칸에 공통으로 들어갈 낱말을 골라 보세요. (   )

그 사진기는 가볍고 [   ]이/가 좋아 화질이 선명해요.

한번 찍어 볼까요?

[   ]이/가 너무 좋네. 얼굴 잡티가 다 보여. 가자, 이건 안 되겠어.

컴퓨터나 휴대 전화 같은 기계가 지닌 능력이란 뜻이야.

① 성미   ② 적성   ③ 개성   ④ 성능

사람의 성격(personality)은 크게 두 가지로 구분해 볼 수 있어요.
여러분은 어떤 성격에 속하는지 확인해 보세요.

introverted
(= quiet)

혼자 행동하고 즐기는 일이 좋다.
처음 만나는 사람에게 낯을 많이 가린다.
주위 상황보다 나의 감정이 더 중요하다.

extroverted
(= outgoing)

혼자 있는 것보다 사람을 만나는 것이 좋다.
낯선 사람과 대화하는 것이 어렵지 않다.
주변 사람들의 기대와 반응이 중요하다.

다음에서 나에 대해 말한 문장을 찾아 빈칸에 ✔ 해 보세요.

 I am a quiet person.
(나는 조용한 사람이다.)

 I enjoy sports.
(나는 스포츠를 즐겨 한다.)

 I like being in a library.
(나는 도서관에 있는 걸 좋아한다.)

 I enjoy playing outdoors.
(나는 밖에서 노는 걸 좋아한다.)

 I like listening to
music alone.
(나는 혼자 음악 듣는 것이 좋다.)

 I like being around people.
(나는 사람들하고
어울리는 걸 좋아한다.)

왼쪽에 체크한 게 더 많다면 여러분은 introvert, 즉 '내향적인 사람'이고, 오른쪽에 체크한 게
더 많다면 extrovert, 즉 '외향적인 사람'이에요. 두 유형은 어떻게 다를까요?
성격이 내향적인 사람은 조용하고 집중을 잘하며 섬세하다는 장점이 있고, 외향적인 사람은 남
과 쉽게 소통하고 협력할 수 있는 능력을 갖추고 있지요. 나는 어떤 유형인지 잘 생각해 본 후
장점을 살려 보세요.

1주 3일
학습 끝!

붙임 딱지 붙여요.

QR 찍고 발음 듣기

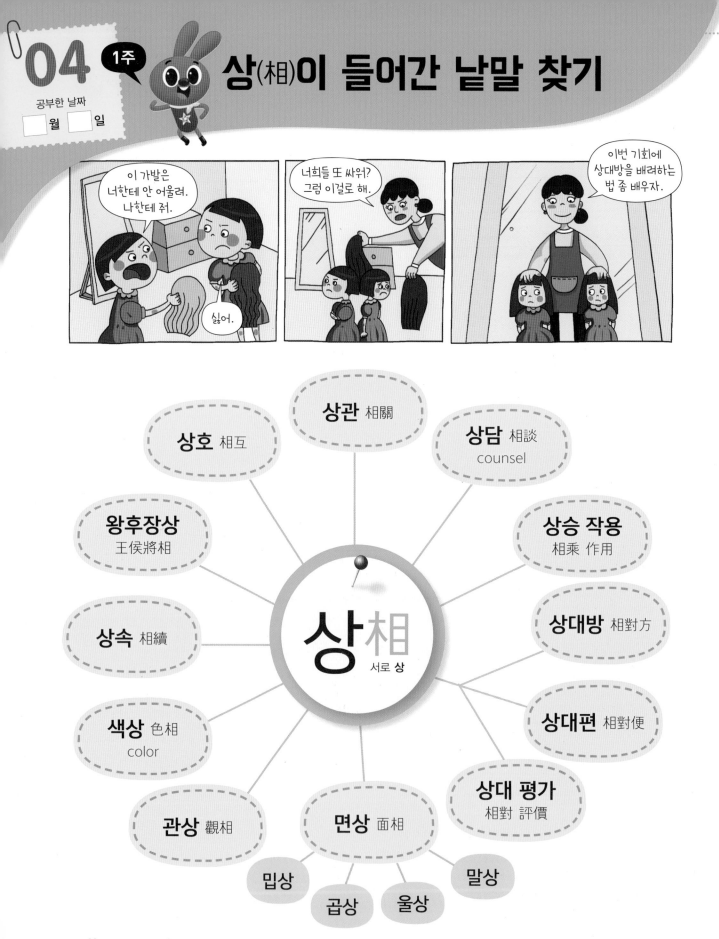

 '상(相)' 자에는 상호처럼 '서로'란 뜻, 그리고 면상에 쓰인 것처럼 '모양'이란 뜻, 왕후장상처럼 '정승'이란 뜻이 있어요.

1 설명에 알맞은 낱말을 아래 고양이 그림에서 찾아 같은 색으로 칠해 보세요.

그 색만이
갖고 있는 특별한
빛깔

서로 관계가 있는
것. 또는 남의 일에
간섭하는 것

여러 개가 모여
더 큰 효과를
내는 것

서로 마주 대하는
이쪽과 저쪽 모두

어떤 문제를
해결하기 위해
의논하거나
물어보는 것

얼굴 생김새

얼굴 생김새를 보고
그 사람의 앞날을
알아내는 것

가족 중 한 사람이
죽었을 때 그 사람의
재산이나 물건 등을
물려받는 것

왕과 제후, 장수,
재상을 통틀어
가리키는 말

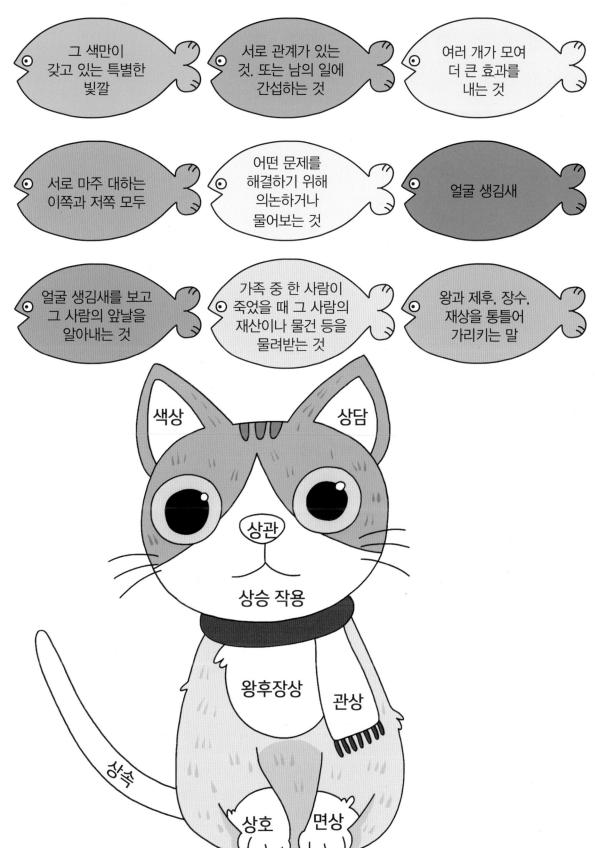

색상　　　상담
상관
상승 작용
왕후장상　관상
상속
상호　면상

상호
相(서로 상) 互(서로 호)

상호는 나와 너, 즉 이쪽과 저쪽 모두를 가리키는 말이에요. 나라끼리 또는 사람끼리 문화나 기술을 주고받는 것을 '상호 교류'라 하고, 서로서로 영향을 끼치는 것을 '상호 작용'이라고 해요.

상관
相(서로 상) 關(관계할/빗장 관)

상관은 서로(서로 상, 相) 관련이 있다(관계할/빗장 관, 關)는 뜻이에요. '이 사건은 나와 상관있어.'처럼 써요. 상관에는 남의 일을 간섭한다는 뜻도 있어서 남이 참견하면 '상관하지 마.'라고 하지요.

상담
相(서로 상) 談(말씀 담)

상담은 문제가 생겼을 때 문제를 해결하거나 어떤 궁금증을 풀기 위하여 의논하는 거예요. 비슷한말로 '의논할 의(議)' 자를 쓴 '상의'가 있어요.

상승 작용
相(서로 상) 乘(탈 승)
作(지을 작) 用(쓸 용)

상승 작용은 하나보다 여러 개가(서로 상, 相) 모일 때 더 큰 효과가 나타난다는(탈 승, 乘) 뜻이에요. 빵이나 과자에 설탕뿐 아니라 소금을 넣는 것도 그 둘의 상승 작용으로 단맛이 더 잘 나기 때문이랍니다.

상대방 / 상대편
相(서로 상) 對(대답할 대)
方(모 방) 便(편할 편)

'상대'는 서로 마주 대하는 일을 말해요. **상대방, 상대편**은 나와 마주한 사람을 뜻하고, '상대 평가'는 나와 다른 사람을 비교해 누가 더 잘했는지 평가(평론할 평 評, 값 가 評)하는 거예요.

면상
面(낯 면) 相(서로 상)

면상은 얼굴 생김새로, 말처럼 생긴 얼굴은 '말상', 미운 짓을 해서 밉게 보이는 얼굴은 '밉상', 고운 얼굴은 '곱상', 울 것 같은 얼굴은 '울상'이라고 해요.

관상
觀(볼 관) 相(서로 상)

관상은 사람의 얼굴 생김새를 보고 그 사람이 얼마나 오래 살지, 앞으로 무슨 일을 겪을지 짐작하는 거예요. 앞으로 행복하게 살 것처럼 생긴 생김새를 보고 '관상이 좋다.'라고 해요.

색상
色(빛 색) 相(서로 상)

색상은 빨강, 노랑, 파랑 같은 빛깔을 말해요. 색, 또는 색깔이라고도 하지요. '한복 색상이 참 고와요.'처럼 사용할 수 있어요.

상속
相(서로 상) 續(이을 속)

돌아가신
할머니 거다.

상속은 가족이나 친척 중 누군가 죽었을 때 그의 재산이나 물건 등을 물려받는 것예요. 비슷한말로 '대물림'이 있어요.

왕후장상
王(임금 왕) 侯(제후 후)
將(장수 장) 相(서로 상)

왕후장상은 왕(임금 왕, 王), 제후(제후 후, 侯), 장수(장수 장, 將), 재상(서로 상, 相)을 가리켜요. '왕후장상의 씨가 따로 있나.'라는 말은 누구든지 노력하면 신분과 지위를 얻을 수 있다는 뜻이에요.

색상을 둥글게 배치한 색상환

초록색 나뭇잎, 빨간 꽃 등 세상에는 색상이 많아요. 미국의 한 예술학교 선생님이던 먼셀은 학생들에게 색의 성질을 가르치기 위해 1898년 색상환(빛 색 色, 서로 상 相, 고리 환 環)을 발명했어요. 먼저 기본색인 빨강, 노랑, 초록, 파랑, 보라 5색을 동그랗게 배치한 후 사이사이에 빨강과 노랑을 섞은 주황, 노랑과 초록을 섞은 연두, 초록과 파랑을 섞은 청록색, 파랑과 보라를 섞은 남색, 보라와 빨강을 섞은 자주 5색을 배치했어요. 이렇게 10색상환이 탄생했지요. 10색상환에서 마주 보는 색은 서로 반대색인 '보색' 관계예요. 가까운 색끼리 가까이 배치돼 있고 따뜻한 색, 차가운 색도 한눈에 파악할 수 있어요. 여기에 또 사이사이 중간색 10개를 넣으면 20색상환이 돼요.

〈20색상환으로 색의 성질 알아보기〉

색의 3요소

색상
빨강, 노랑, 자주 같은 이름을 '색상'이라고 해요.

명도
어느 색이든 그 색의 밝고 어두운 정도예요.

채도
색이 선명한 정도예요. 다른 색이 얼마나 섞였는지에 따라 달리 나타나요.

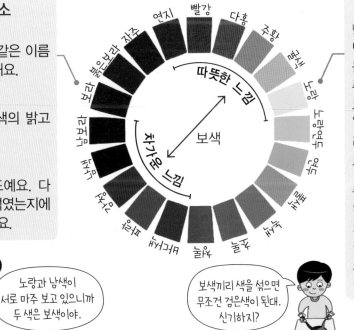

색의 역할

명시성
명도와 채도 차이가 큰 색을 함께 배치했을 때 아주 잘 보이는 성질이에요. 노란 바탕에 검정 글자로 '어린이 안전 보호 구역'이라고 쓴 표지판은 아주 잘 보이지요.

주목성
하나의 색이 눈에 아주 잘 띄는 성질이에요. 빨간색 같은 따뜻한 색, 혹은 명도, 채도가 높은 색이 눈에 잘 띄어요.

노랑과 남색이 서로 마주 보고 있으니까 두 색은 보색이야.

보색끼리 색을 섞으면 무조건 검은색이 된대. 신기하지?

사람들은 가끔씩 '빨강'과 '빨간'을 구별하지 않고 써요. 빨강은 맞지만, '빨간'만 쓰면 틀려요. 빨강색은 틀리지만, 빨간색은 맞지요. 왜냐하면 빨강은 사물의 이름을 뜻하는 명사이기 때문에 뒤에 다른 명사가 오지 않아요. 하지만 '빨간'은 '빨갛다'에서 온 말로 '빨간 사과'처럼 뒤에 꼭 명사를 써야 해요. 검정(○), 검은(×), 검은 물감(○). 알겠지요? 낱말을 정확하게 쓰는 것은 매우 중요하답니다.

1 빈칸에 들어갈 낱말을 보기에서 찾아 번호를 쓰세요.

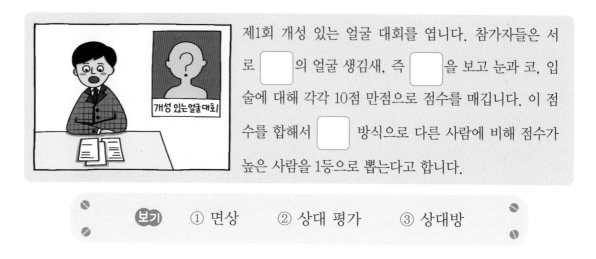

제1회 개성 있는 얼굴 대회를 엽니다. 참가자들은 서로 ☐의 얼굴 생김새, 즉 ☐을 보고 눈과 코, 입술에 대해 각각 10점 만점으로 점수를 매깁니다. 이 점수를 합해서 ☐ 방식으로 다른 사람에 비해 점수가 높은 사람을 1등으로 뽑는다고 합니다.

보기   ① 면상   ② 상대 평가   ③ 상대방

2 빈칸에 공통으로 들어갈 낱말을 골라 보세요. (   )

이 백자는 조상 대대로 ☐되어 내려오는 우리 집 가보야.

그 기업가는 자식들에게 유산을 ☐하지 않았다.

사회의 빈부가 ☐되지 않도록 제도를 개선해야 해.

① 상승 작용   ② 상속   ③ 왕후장상   ④ 관상

3 속뜻 짐작 다음 대화의 빈칸에 들어갈 낱말을 보기에서 찾아 ○ 하세요.

넌 어떤 음식 좋아해?

계절마다 달라. 여름엔 냉면처럼 찬 음식이 좋고 겨울에는 삼계탕처럼 뜨거운 음식이 좋아.

온도가 ☐된 음식을 좋아하네.

아하!

보기   상반   상대   상호   상관

상호 관계란 양측이 서로 영향을 주고받는 관계를 의미해요.
상호 관계를 포함하는 영어 단어들을 알아볼까요?

action → interaction

action은 '행동', '동작'이라는 뜻이에요. 두 사람이 각자 행동하며 서로에게 영향을 끼치는
'상호 작용'은 action에 inter를 붙여 interaction이라고 해요.

action

interaction

national → international

national은 '국가의'라는 뜻을 가진 단어예요. 여기에 inter를 붙이면 '국제적인'이라는 뜻의
international이 돼요. 한 국가와 다른 국가가 서로 교류하면서 정치, 경제, 문화 등에 영향을 주
고받으며 국제적인 나라들이 되지요.

프랑스 national

프랑스
중국 일본 international

I주 4일
학습 끝!

붙임 딱지 붙여요.

view → interview

한 사람이 무언가를 바라보고 있을 때, 이를 영어로 view(보다)라고 해요. 그렇다면 두 사람
이 마주 앉아서 서로를 바라보고 있는 것, 즉 면접을 보거나 면담하는 것을 무엇이라고 할까
요? 네, 맞아요. 바로 interview(면접, 면담)예요.

view

우리 회사에 왜
지원하셨나요?
interview

QR 찍고 발음 듣기

세(洗)가 들어간 낱말 찾기

1 각 설명이 가리키는 물건이나 상황을 아래 그림에서 찾아 번호를 쓰세요.

〈그림 찾기〉

① 세수: 손이나 얼굴을 씻음.

② 세탁기: 빨래해 주는 기계

③ 세면대: 손이나 얼굴을 씻을 수 있도록 만들어 놓은 받침대

④ 세제: 비누처럼 물에 풀어서 얼굴이나 빨래에 때를 없애는 물질

⑤ 세차: 자동차를 깨끗이 닦는 것

⑥ 세례: 천주교나 기독교에서 사람의 죄를 씻는 표시로 하는 의식

⑦ 수세식: 화장실 변기의 배설물이 물로 씻겨 내려가게 하는 방식

⑧ 세족: 발을 씻음.

세수 / 세안
洗(씻을 세) 手(손 수) 顔(얼굴 안)

세수는 물로 손(손 수, 手)이나 얼굴을 씻는(씻을 세, 洗) 거예요. 비슷한말로 '얼굴 안 (顔)' 자를 넣은 세안이 있어요. 발을 씻는 것은 '발 족(足)' 자를 붙여 '세족'이라고 해요.

세면
洗(씻을 세) 面(낯 면)

세면은 얼굴(낯 면, 面)을 씻는(씻을 세, 洗) 거예요. 얼굴을 씻을 수 있도록 갖추어 놓은 받침대는 '세면대', 물을 담는 그릇은 '세면기', 비누, 샴푸 등은 '세면도구'라고 해요.

세탁기
洗(씻을 세) 濯(씻을 탁)
機(베틀/기계 기)

세탁기는 빨래하는 기계예요. 손으로 빨 때는 손빨래한다고 해요. 돈을 받고 옷을 물이나 약으로 빨래해 주는 곳은 '세탁소'라고 해요.

세제
洗(씻을 세) 劑(약 지을 제)

세제는 비누처럼 물에 풀어서 옷이나 물체에 묻은 더러운 때를 씻어 내는 물질이에요. 비슷한말로는 '깨끗할 정(淨)' 자가 들어간 '세정제'가 있어요.

세차
洗(씻을 세) 車(수레 거/차)

세차는 자동차나 자전거, 오토바이 등 탈것에 묻은 흙이나 먼지를 씻는 일이에요. 세차 시설이 갖춰져 있어 돈을 내고 세차할 수 있는 곳은 '마당 장 (場)' 자를 넣어 '세차장'이라고 하지요.

수세식
水(물 수) 洗(씻을 세) 式(법 식)

화장실에 수도 장치를 만들어 물로 변기의 대소변이 씻겨 내려가게 하는 방식을 수세식이라고 해요. 우리나라에서 수세식을 사용한 지는 얼마 안 되었지만 지금은 대부분이 수세식을 써요.

세련
洗(씻을 세) 練(익힐 련/연)

세련은 말이나 옷차림, 인테리어 등이 서투르거나 어색한 데가 없이 깔끔하고 맵시 있을 때 쓰는 말이에요. 반대로 세련되지 못하고 어색하고 엉성할 때에는 '촌스럽다'고 해요.

세례
洗(씻을 세) 禮(예도 례/예)

기독교에서 사람의 죄를 씻는 표시로 행하는 종교 의식을 세례라고 해요. 몸을 물에 담그거나 물을 뿌려 씻어 줌으로써 죄를 씻고, 완전히 새롭게 바뀌었음을 알려 줘요.

세뇌
洗(씻을 세) 腦(뇌 뇌)

세뇌는 어떤 내용을 자꾸 말하거나 들려주어서 본래 갖고 있던 생각을(뇌 뇌, 腦) 버리게(씻을 세, 洗) 하고 어떤 생각을 억지로 집어넣는 것을 말해요. '세뇌되다', '세뇌하다', '세뇌 교육'처럼 써요.

세검정
洗(씻을 세) 劍(칼 검) 亭(정자 정)

세검정은 '칼을 씻은 정자'라는 뜻이에요. 조선 시대에 광해군을 내쫓으려는 사람들이 이곳에서 칼을 씻었다고 해서 붙여진 이름이에요.

더러움을 없애 주는 세제

맛있는 음식을 먹다가 흘리거나 재미있게 놀다가 옷에 먼지가 묻어도 걱정이 없어요. 비누나 세제로 빨면 깨끗해지거든요. 세제는 어떻게 빨랫감에 묻은 때를 없앨까요?

우선 세제를 물에 녹여야 해요. 이렇게 세제가 물에 녹는 것을 '용해'(질펀히 흐를/녹일 용 溶, 풀 해 解)라고 해요. 어떤 물질이 액체에 녹아 골고루 섞이는 일이지요. 이때 녹은 세제 같은 물질을 '바탕 질(質)' 자를 넣어 '용질'이라고 하고, 녹이는 물 같은 물질은 '중매 매(媒)' 자를 써서 '용매'라고 해요. 이렇게 두 가지 이상의 물질이 섞여 있는 액체를 '용액'이라고 하지요. 설탕물이나 소금물도 모두 용액이에요.

세제 입자는 물을 좋아하는 부분과 기름을 좋아하는 부분으로 나뉘어 있어요. 물에 녹은 세제 입자 중 기름을 좋아하는 부분이 옷의 때에 가서 달라붙지요. 이것을 비비거나 세탁기로 돌리면 빨랫감에서 떨어진답니다. 한번 떨어져 나온 때는 물과 섞여서 빨랫감에 다시 달라붙지 않아요. 세탁의 원리를 그림으로 살펴볼까요?

〈세탁의 원리〉

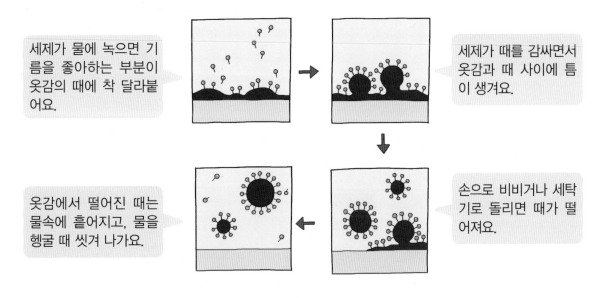

세제가 물에 녹으면 기름을 좋아하는 부분이 옷감의 때에 착 달라붙어요.

세제가 때를 감싸면서 옷감과 때 사이에 틈이 생겨요.

손으로 비비거나 세탁기로 돌리면 때가 떨어져요.

옷감에서 떨어진 때는 물속에 흩어지고, 물을 헹굴 때 씻겨 나가요.

비누는 고유어예요. 조선 시대에는 고유어로 '비노', 한자어로 '비조'라고 했어요. "머리를 감게 비노를 달라."든지 "비조는 때를 잘 지운다."든지 하는 기록이 남아 있지요. 비노, 비조라고 불리다가 시간이 지나며 '비누'라고 불리게 되었답니다.

1 빈칸에 공통으로 들어갈 낱말을 보기에서 찾아 ○ 하세요.

단정한 옷차림에 품위 있는 말투에서 □된 분위기가 느껴져요.

아빠는 옷이든 음식이든 너무 깔끔하고 □된 것보다 조금 투박한 것이 좋대요.

이 글은 서투르거나 어색한 데가 없이 아주 잘 다듬어져 있어서 □된 느낌이에요.

보기 세뇌 세례 세련 세면 세족

2 빈칸에 들어갈 낱말을 찾아 선으로 이어 주세요.

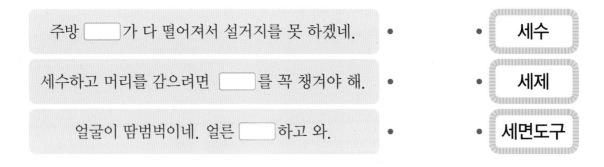

주방 □가 다 떨어져서 설거지를 못 하겠네. •   • 세수

세수하고 머리를 감으려면 □를 꼭 챙겨야 해. •   • 세제

얼굴이 땀범벅이네. 얼른 □하고 와. •   • 세면도구

3 속뜻짐작 '세' 자가 그림 속 밑줄 친 글자와 같은 뜻으로 쓰인 문장을 고르세요. (   )

저 휴대 전화 꼭 사고 말 거야.

너 바꾼 지 얼마 안 됐잖아. 광고에 세뇌당하지 마. 꼭 필요한 것도 아닌데 사야 할 것처럼 느끼게 하는 게 광고라고.

① 고양이 눈에 **세**상은 어떻게 보일까?

② 식기**세**척기가 있으면 설거지가 편할 텐데.

③ **세**시 풍속은 옛날부터 전해져 내려오는 관습이야.

④ 대한 독립 만**세**!

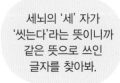

세뇌의 '세' 자가 '씻는다'라는 뜻이니까 같은 뜻으로 쓰인 글자를 찾아봐.

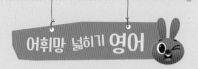
여러분은 평소에 어떤 집안일을 돕나요?
집안일 중 세탁이나 설거지와 관련된 영어 단어를 함께 알아보아요.

wash

wash는 '씻다'라는 뜻이에요. '손을 씻다'는 wash my hands, '세차를 하다'는 wash the car라고 하면 돼요. '설거지를 하다'는 wash를 쓰지 않고 do the dishes라고 해요.

laundry

laundry는 '세탁'이나 '세탁물'을 뜻해요. 그래서 '세탁실'을 laundry room이라고 하고, '세탁하다'는 do the laundry라고 해요.

I주 5일
학습 끝!

붙임 딱지 붙여요

washer

washer는 '세탁기'예요. washing machine이라고도 하는데, wash에 –ing가 붙어서 '세탁을 위한'이란 뜻이 되었고, machine은 '기계'를 뜻해요. washer 앞에 dish가 붙은 dishwasher는 '식기세척기'예요.

detergent

'세제'는 일반적으로 detergent라고 해요. '세탁용 세제'는 laundry detergent라고 하면 돼요. '주방용 세제'는 dishwashing liquid이고 liquid는 '액체'라는 뜻이에요.

QR 찍고 발음 듣기

나이 많은 남자 '영감'

이봐, 할아범!

스윽

어이쿠

할아범이라니, 버릇없이!

그럼 뭐라고 해?

스윽

영감님이라고 해야지.

영감님이 뭔데?

'영감'은 조선 시대 정삼품, 종이품 관리를 부르던 말이야.

대감 아래 관직이었지.

이를테면 도승지나 동지사 같은.

영감(하여금/명령할 령/영 슈, 볼 감 監): 나이가 많은 남자를 가리키는 말이에요.

해(害)가 들어간 말 찾기

1 각 문장을 읽고 (   )에서 알맞은 낱말을 골라 ○ 하세요.

① 폭우로 논밭이 물에 잠기는 (피해 / 냉해)를 입었습니다.

② 요즘 자동차 매연 때문에 (무해 / 공해)가 심해져서 문제예요.

③ 매년 비행기가 새와 충돌해서 입는 (손해 / 방해)가 커요.

④ 모기는 사람들을 오가며 질병을 옮기는 (해충 / 재해)이에/예요.

⑤ 지진으로 인한 (재해 / 시해)로 고통을 겪는 사람이 많아요.

⑥ 이렇게 다른 곡을 그대로 베끼는 것은 저작권(방해 / 침해)예요.

2 다음 설명이 가리키는 낱말을 선으로 이어 보세요.

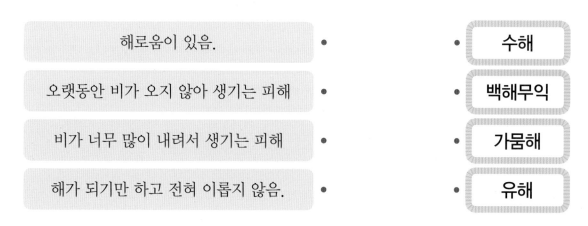

해로움이 있음.	•	•	수해
오랫동안 비가 오지 않아 생기는 피해	•	•	백해무익
비가 너무 많이 내려서 생기는 피해	•	•	가뭄해
해가 되기만 하고 전혀 이롭지 않음.	•	•	유해

방해
妨(해로울 방) 害(해칠 해)

방해는 남이 일을 제대로 하지 못하도록 막아서 괴롭히는 거예요. 비슷한말로 남을 험담하며(헐 훼, 毁) 헐뜯는다(헐뜯을 방, 謗)는 뜻의 '훼방'이 있어요.

피해
被(입을 피) 害(해칠 해)

피해는 손해를 입는다는 뜻이에요. '홍수로 큰 피해를 당했어.'처럼 써요. 피해를 입은 사람은 '사람 자(者)' 자를 붙여 '피해자', 반대로 남에게 나쁜 영향이나 해를 준 사람은 '더할 가(加)' 자를 붙여 '가해자'라고 해요.

침해
侵(침노할 침) 害(해칠 해)

침해는 지켜야 할 선을 어기고(침노할 침, 侵) 해(해칠 해, 害)를 끼치는 것을 말해요. 비슷한말로 '범할 범(犯)' 자를 넣은 '침범'이 있어요.

손해
損(덜 손) 害(해칠 해)

손해는 돈이나 재산을 일부 잃거나 정신적으로 해를 당하는 것을 말해요. '손해를 보다'는 고유어로 '밑지다'라고 해요. 비슷한말로 '잃을 실(失)' 자를 붙인 '손실'이 있어요.

재해
災(재앙 재) 害(해칠 해)

재해는 지진, 태풍, 전염병 등으로 인해 생기는 피해예요. '수해'는 장마, 홍수 등 물 때문에 생긴 재해, '냉해'는 여름철 낮은 기온으로 농작물이 입는 피해, '가뭄해'는 비가 오지 않아 생긴 재해예요.

공해
公(공평할 공) 害(해칠 해)

자동차에서 나오는 매연, 공장에서 내버리는 더러운 물, 썩지 않는 쓰레기 등 때문에 사람과 동식물이 입는 피해를 공해라고 해요.

유해 / 무해
有(있을 유) 害(해칠 해) 無(없을 무)

유해는 해로움(해로울 해, 害)이 있다(있을 유, 有)는 뜻이에요. 우리 몸이나 건강에 해로운 물질을 '유해 물질'이라고 하지요. 반대로 해로움이 없는 것은 '없을 무(無)' 자를 써서 무해라고 해요.

해충
害(해칠 해) 蟲(벌레 충)

모기나 벼룩처럼 사람 몸에 붙어서 피를 빨아먹는 등 사람에게 해를 끼치는 벌레를 해충이라고 해요. 반대로 누에나 꿀벌처럼 사람에게 이익을 주는 곤충은 '더할 익(益)' 자를 붙여 '익충'이라고 해요.

백해무익
百(일백 백) 害(해칠 해)
無(없을 무) 益(더할 익)

백해무익은 끼치는 해(해칠 해, 害)는 많은데(일백 백, 百) 이로움은(더할 익, 益)은 전혀 없다(없을 무, 無)는 말이에요. 자신뿐 아니라 남의 건강까지 해치는 담배를 '백해무익하다'고 하지요.

시해
弑(죽일 시) 害(해칠 해)

1895년에 일본 괴한들이 고종 황제의 부인인 명성 황후를 시해한 사건이 일어났어요. 이를 '을미사변'이라고 하지요. 이처럼 임금이나 왕, 왕비, 대통령 등 지위가 높은 사람을 죽이는 것을 시해라고 해요.

명성 황후 시해 사건, 을미사변

1800년대 말, 일본은 조선 침략을 계획하고 있었어요. 조선을 정복한 뒤, 중국과 러시아를 넘어 유럽까지 집어삼키려 했지요. 그래서 조선에서 영향력을 서서히 키우고 있었어요. 하지만 당시 조선에서는 일본보다 러시아와 손을 잡으려는 세력이 강했어요. 이를 주도하던 사람이 바로 고종의 왕비인 명성 황후였어요. 명성 황후는 러시아와 손잡고 일본을 경계했지요. 일본에게 명성 황후는 눈엣가시가 되었어요. 일본은 외교 사절로 군인 출신의 미우라 고로를 보냈고, 고로는 명성 황후를 시해할 준비를 했어요. 결국 고로의 지휘에 따라 수십 명의 일본인들이 경복궁 안에 침입해 명성 황후를 시해한 후 시신을 경복궁 근처 녹산 남쪽에서 불태웠어요. 이 사건을 을미년인 1895년에 일어났다고 해서 '을미사변'이라고 해요.

일본은 명성 황후 시해 사실을 숨기려고 했어요. 하지만 사건을 목격한 러시아인, 미국인의 증언으로 일본의 만행이 전 세계에 알려졌지요. 우리나라 곳곳에서는 을미사변에 분노한 의병들이 일어났어요. 이들을 '을미의병'이라고 해요. 의병들을 진압하려 일본군이 서울에 소홀한 사이 고종은 러시아 외교관으로 몸을 피할 수 있었지요.

1 다음 빈칸에 들어갈 낱말은 무엇일까요? (   )

공공장소에서는 남한테 □를 주면 안 돼.

① 피해

② 무해

③ 해충

④ 손해

2 속뜻짐작 밑줄 친 낱말들을 통틀어 무엇이라고 할까요? (   )

- 정부가 **수해** 방지 대책을 마련했습니다.
- 장마가 지난 뒤, 해충이 번지는 것을 막지 못해 **병충해**가 심해졌습니다.
- 지난여름에는 이상 저온으로 **냉해**가 심했습니다.
- 계속되는 **가뭄해**에 논밭이 바짝 말라 가고 있습니다.

① 방해   ② 공해   ③ 백해무익   ④ 재해

3 속뜻짐작 빈칸에 들어갈 낱말을 보기 에서 찾아 ○ 하세요.

조선은 충효를 중시한 유교 사회였어요. 그런데 천주교가 평등사상을 주장하며 제사도 지내지 않자 사회 질서를 어지럽힌다며 천주교를 □하기 시작했어요.

보기   시해   유해   침해   박해

48

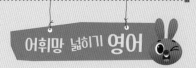

어휘망 넓히기 **영어**

사람들에게 해를 끼치는 곤충을 해충이라고 해요.
해충에는 무엇이 있는지 영어로 알아볼까요?

fly

fly는 주로 '날다'라는 뜻으로 사용되지만, '파리', '날벌레'라는 뜻도 있어요. 파리는 여름이면 어김없이 나타나는 해충으로, 음식물 쓰레기를 좋아하지요. 파리를 잡는 '파리채'를 영어로는 swatter라고 해요.

mosquito

mosquito는 '모기'예요. 모기는 사람이나 동물의 몸에 붙어 피를 빨아먹고 살면서 말라리아 같은 병을 옮겨요. '모기를 때려잡다'는 swat a mosquito예요.

2주 1일
학습 끝!

붙임 딱지 붙여요.

mite

mite는 '진드기'예요. tick이라고도 하지요. 진드기는 민물이나 흙 등에서 살며, 소나 말 같은 동물의 피를 빨아먹어요. 방 안 침대에 살면서 사람 몸에서 떨어진 비듬, 각질 등을 먹고 사는 '집먼지진드기'도 있어요. 영어로는 house dust mite라고 해요.

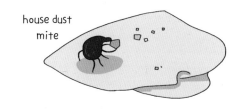

flea

flea는 '벼룩'이에요. 벼룩은 사람이나 개, 고양이, 말 같은 동물의 피를 빨아먹으며 살아요. flea market은 '벼룩시장'이란 뜻으로, 중고품 등 갖가지 물건들을 사고파는 시장을 말하지요. 벼룩시장은 벼룩이 들끓을 정도로 오래된 물건들을 판다는 뜻에서 비롯되었다고 해요.

QR 찍고 발음 듣기

이(異)가 들어간 말 찾기

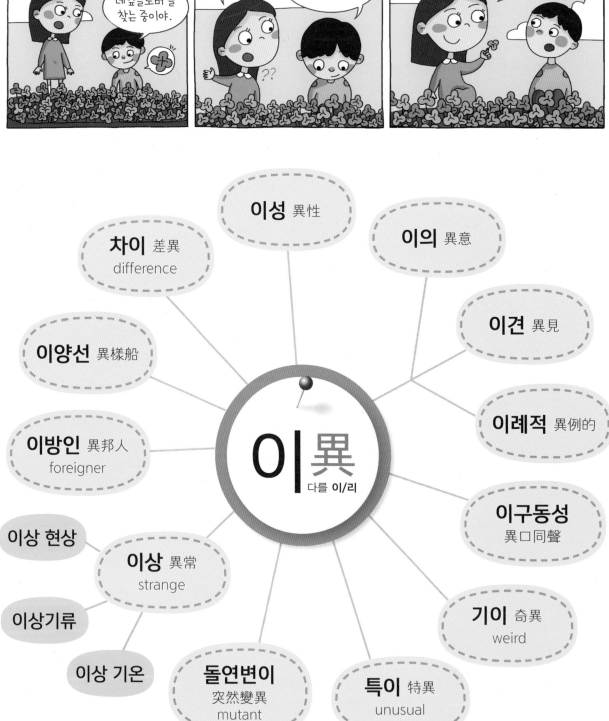

1 설명에 어울리는 낱말을 찾아 선으로 이어 주세요.

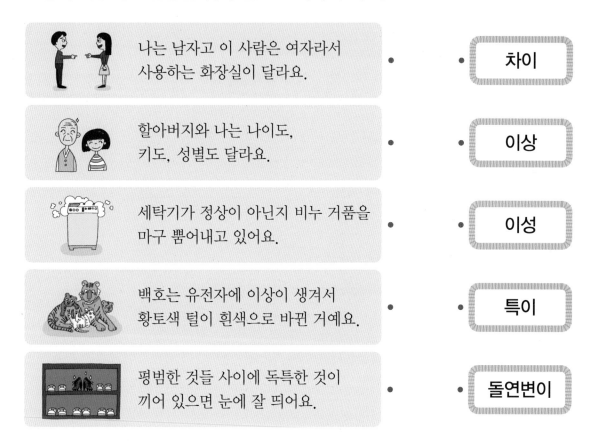

나는 남자고 이 사람은 여자라서 사용하는 화장실이 달라요.

할아버지와 나는 나이도, 키도, 성별도 달라요.

세탁기가 정상이 아닌지 비누 거품을 마구 뿜어내고 있어요.

백호는 유전자에 이상이 생겨서 황토색 털이 흰색으로 바뀐 거예요.

평범한 것들 사이에 독특한 것이 끼어 있으면 눈에 잘 띄어요.

차이

이상

이성

특이

돌연변이

2 설명에 알맞은 낱말을 보기 에서 찾아 빈칸에 써 보세요.

① 모양이 다른 배라는 뜻으로, 18세기부터 조선 바닷가에 나타났던 서양의 배를 가리켜요.

② 보통과 다른 경우를 말해요.

③ 다른 나라 사람이란 뜻이에요.

보기   이례적   이방인   이양선

차이
差(어긋날 차) 異(다를 이/리)

차이는 서로 어긋나고(어긋날 차, 差) 다른(다를 이/리, 異) 것을 말해요. 성격 차이, 키 차이, 나이 차이, 의견 차이처럼 비교하는 것 뒤에 붙여서 사용하기도 해요.

이성
異(다를 이/리) 性(성품 성)

이성은 자기와 성이 다른 사람을 뜻해요. 남자 쪽에서는 여자, 여자 쪽에서는 남자를 가리키지요. 반대로 성별이 같은 것은 '한가지 동(同)' 자를 써서 '동성'이라고 해요.

이의 / 이견
異(다를 이/리) 意(뜻 의) 볼 견(見)

이의는 다른 의견이나 생각을 뜻해요. '내 말에 이의 있니?'처럼 써요. 비슷한말로 '볼 견(見)' 자를 넣은 이견이 있지요. '이례적'은 흔히 있는 일(법식 례, 例)에서 벗어난 특이한 경우를 가리켜요.

이구동성
異(다를 이/리) 口(입 구)
同(한가지 동) 聲(소리 성)

이구동성은 입(입 구, 口)은 다르지만 말하는 내용은(소리 성, 聲) 같다는(한가지 동, 同) 뜻이에요. '사람들이 민희를 이구동성으로 칭찬해.'처럼 써요.

기이
奇(기이할 기) 異(다를 이/리)

'기이한 이야기', '기이한 꿈'이라는 말에서 알 수 있듯이 **기이**하다는 것은 보통과 다르게 유별나고 이상하다는 뜻이에요. 비슷한말로 '묘할 묘(妙)' 자를 넣은 '기묘하다'가 있어요.

특이
特(특별할 특) 異(다를 이/리)

'난 특이 체질이야.'라는 말은 어떤 약이나, 물질에 대해 보통 사람은 아무렇지 않은데 나만 특별히 다르게 받아들이는 것을 말해요. 이처럼 **특이**는 특별하고(특별할 특, 特) 다르다(다를 이/리, 異)라는 뜻이에요.

돌연변이
突(갑자기/부딪칠 돌) 然(그럴 연)
變(변할 변) 異(다를 이/리)

사람을 포함한 지구상의 모든 동식물은 부모의 특징을 이어받아 비슷한 외모나 성질을 지녀요. 그런데 갑자기 부모와는 전혀 다른 생김새나 성질이 생겨나기도 하는데 이를 **돌연변이**라고 해요.

이상
異(다를 이/리) 常(항상 상)

이상은 정상이 아닌 상태란 뜻으로, '이상 기온'은 날씨가 갑자기 너무 춥거나 너무 더워지는 거예요. '이상기류'는 정상적이지 않은 공기의 흐름, '이상 현상'은 이상 고온 현상처럼 보통 때와 다른 현상을 뜻해요.

이방인
異(다를 이/리) 邦(나라 이름 방)
人(사람 인)

이방인은 다른 나라(나라 이름 방, 邦) 사람(사람 인, 人)이라는 뜻이에요. 낯선 사람을 가리키기도 하지요. 비슷한말로 '외국인'(바깥 외 外, 나라 국 國, 사람 인 人)이 있어요.

이양선
異(다를 이/리) 樣(모양 양) 船(배 선)

이양선은 모양(모양 양, 樣)이 다른(다를 이/리, 異) 배(배 선, 船)라는 뜻으로, 조선 시대 후기에 우리나라 바닷가에 나타났던 서양의 배를 가리켜요.

벌레를 잡아먹는 특이 식물

　나팔꽃 같은 작은 식물부터 향나무, 단풍나무 같은 나무에 이르기까지 대부분의 식물은 스스로 영양분을 만들며 살아가요. 뿌리로 물을 빨아들이고, 잎은 이 물과 공기 중에 있는 이산화 탄소와 햇빛을 받아 영양분을 만들지요. 이렇게 물과 햇빛, 이산화 탄소로 양분을 만드는 것을 '광합성'이라고 해요. 하지만 모든 식물이 광합성을 해서 살아가는 건 아니에요. 특이하게 벌레를 잡아먹고 사는 식물이 있어요. 이런 식물을 '벌레잡이 식물', '식충 식물'이라고 불러요.

　대부분의 벌레잡이 식물은 습지에서 살아요. 그런 곳에서는 햇빛을 받아 광합성을 하기가 힘들어요. 그래서 부족한 영양분을 얻기 위해 벌레들을 잡아먹게 된 거예요. 벌레잡이 식물은 벌레가 다가오면 조개나 주걱처럼 생긴 잎으로 잡은 뒤, 꿀꺽 삼켜서 필요한 영양분을 빨아들여요. 벌레잡이 식물을 좀 더 살펴볼까요?

〈대표적인 벌레잡이 식물〉

파리지옥
습지 식물로 키가 20~30cm 정도 돼요. 냄새로 파리나 나비 같은 곤충을 꾄 다음 가장자리에 가시 같은 긴 털들이 달린 두 장의 잎을 조개처럼 꽉 다물어 버려요. 소화가 다 될 때까지 7~10일 정도 걸리는데, 그때까지 잎을 안 열어요.

사라세니아
습지 식물로 키는 30~90cm 정도예요. 잎 속이 나팔처럼 비어 있고, 뚜껑 역할을 하는 잎 조각이 달려 있어요. 잎 조각 안쪽에 있는 꿀을 먹으려던 벌레는 통 모양 잎 속에 퐁당 빠져서 잡아먹힌답니다. 잎 속에는 소화액이 있어요.

끈끈이주걱
습지 식물로 키는 6~30cm 정도예요. 주걱 모양의 잎에 난 붉은 색의 털에서 끈끈한 진액이 나오는데 파리, 모기 같은 벌레가 여기 앉으면 끈끈한 진액에 붙어서 옴짝달싹도 못해요. 그때 잎이 서서히 오므라들어 벌레를 잡아먹어요.

1 빈칸에 들어갈 낱말을 찾아 선으로 이어 주세요.

동성 친구와 □ 친구 중에 누가 더 좋아? •

이번 선거는 □ (으)로 투표율이 높았다. •

남의 나라에 사는 □ 이/가 된 기분이야. •

• 이례적

• 이성

• 이방인

2 속뜻짐작 빈칸에 알맞은 글자를 보기에서 골라 써 보세요.

① 이번 결정이 내 생각과
달라서 이 □ 을/를 제기했어.

② 아직 눈이 내리는 겨울인데
개나리꽃이 피니까 이 □ 해.

③ 피부색이 검고 희다는
□ 이 때문에 다르게 대하면 안 돼.

④ 항상 꼴찌만 하던 민호가
1등하는 이 □ 이/가 일어났어.

보기　변　차　적　상　의　선

3 속뜻짐작 밑줄 친 말과 뜻이 비슷한 낱말을 보기에서 찾아 ○ 하세요.

보기　이상기류　이색적　판이　이견

54

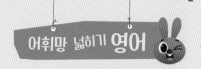

'다르다'는 '서로 같지 않다'는 뜻이고, '틀리다'는 '어떤 사실과 어긋나다'라는 뜻이지요.
두 표현을 영어로 알아볼까요?

different

different는 '다른', '여러 가지의'란 뜻이에요. '난 너와 달라.'라고 할 때에는 'I am different from you.'라고 하면 돼요. 또 'What's different?'는 '뭐가 달라요?'라는 말이에요.

various

various는 '여러 가지의', '다양한'이란 뜻으로, 같은 종류 안에서 서로 다른 것들을 나타낼 때 많이 사용해요. various types는 '다양한 타입'이란 뜻으로 '식탁에는 여러 가지 음식들이 있어.'라고 할 때에는 'There are various types of food on the table.'이라고 말하면 돼요.

2주 2일
학습 끝!

붙임 딱지 붙여요.

wrong

wrong은 '잘못된', '틀린'이란 뜻이에요. 그래서 '틀린 답'은 wrong answer라고 하지요. 반대말은 right예요. '네가 틀려.'라고 할 때는 'You are wrong.', 반대로 '네가 맞아.'라고 할 때는 'You are right.'라고 말하면 돼요.

false

false는 '틀린', '가짜의'란 뜻이에요. '틀니'를 false teeth, '가발'을 false hair라고 해요. 'A shark is a fish. True or false?'는 '상어는 물고기다. 맞을까, 틀릴까?'라는 뜻이에요.

QR 찍고 발음 듣기

극(劇)이 들어간 말 찾기

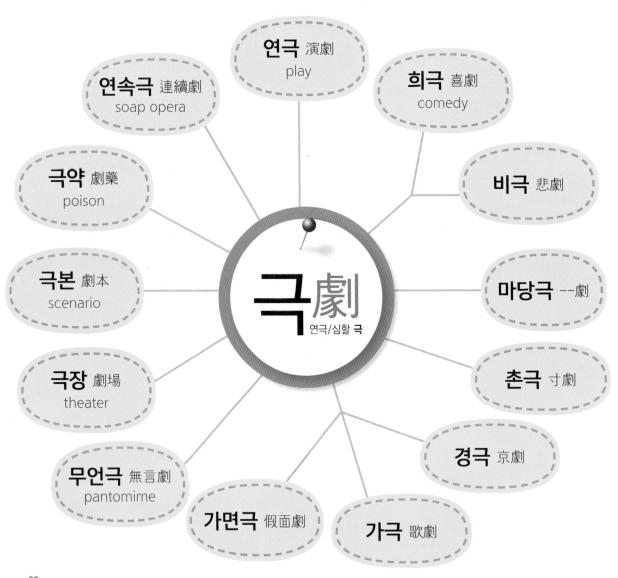

'극(劇)' 자에는 희극, 비극처럼 '연극'이란 뜻, 그리고 극약에 쓰인 것처럼 '심하다'란 뜻이 있어요.

1 앨리스가 토끼를 만나러 간대요. 설명이 가리키는 낱말을 따라 토끼가 있는 곳까지 가 보세요.

연속극
連(이을 련/연) 績(이을 속)
劇(연극/심할 극)

연속극은 텔레비전에서 정해진 시간마다 조금씩 이어서 방송하는 드라마를 말해요. 날마다 방송하는 드라마는 일일 연속극, 주말에만 하는 드라마는 주말 연속극이라고 하지요.

연극
演(펼/멀리 흐를 연) 劇(연극/심할 극)

연극은 배우가 극본에 따라 무대 위에서 어떤 사건이나 이야기를 말과 행동, 표정 등으로 보여 주는 예술이에요. 하지만 우리가 '연극하지 마.'라고 할 때는 남을 속이려고 꾸며 낸 말이나 행동을 가리켜요.

희극 / 비극
喜(기쁠 희) 劇(연극/심할 극)
悲(슬플 비)

사람들을 재미있게 웃겨 주는 연극을 '기쁠 희(喜)' 자를 써서 희극이라고 해요. 반대로 사람들을 슬프거나 고통스럽게 하는 연극은 '슬플 비(悲)' 자를 붙여 비극이라고 해요.

마당극
劇(연극/심할 극)

마당극은 마당에서 탈춤, 판소리 같은 민속 예술이 어우러진 연극이에요. 관객은 배우들 주변에 둘러 앉아 구경하지요.

촌극
寸(마디 촌) 劇(연극/심할 극)

촌극은 아주 짧은 연극이에요. '토막극', 또는 '콩트'라고도 하지요. '경찰이 도둑에게 쫓기는 어이없는 촌극이 벌어졌다.'처럼 우스꽝스러운 일을 빗대어 말할 때 쓰기도 해요.

경극 / 가극
京(서울 경) 劇(연극/심할 극)
歌(노래 가)

경극은 노래와 무용 등이 섞인 중국의 전통 연극이고, 가극은 오페라처럼 대사에 음악을 붙여 이야기를 전하는 연극이에요. '가면극'은 가면(거짓 가 假, 낯 면 面)을 쓰고 하는 연극이에요.

무언극
無(없을 무) 言(말씀 언)
劇(연극/심할 극)

무언극은 배우가 말(말씀 언, 言)을 하지 않고(없을 무, 無) 표정과 몸짓만으로 이야기를 전달하는 연극이에요. 다른 말로 '마임', 또는 '팬터마임'이라고도 해요.

극장
劇(연극/심할 극) 場(마당 장)

극장은 연극, 춤 같은 공연을 하거나 영화를 볼 수 있는 곳이에요. '노천극장'은 바깥에 마련된 극장, '소극장'은 작은 극장, '원형 극장'은 둥근 모양의 극장이에요.

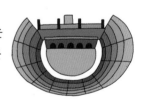

극본
劇(연극/심할 극) 本(근본 본)

극본은 연극, 드라마, 영화를 만들기 위해 배우들이 말해야 할 대사와 동작, 표정, 무대 장치 등을 적은 글이에요. 극본을 '각본'이라고도 해요. 영화에서는 '시나리오', 드라마에서는 '대본'이라고 해요.

극약
劇(연극/심할 극) 藥(약 약)

극약은 심하게 독한 약이라는 뜻으로, 아주 적은 양으로도 사람이나 동물의 생명에 심한 해를 줄 수 있는 약을 말해요. '극약 처방'처럼 극단적이거나 한쪽으로만 치우친 해결 방법을 가리킬 때 쓰기도 해요.

무대에서 펼쳐지는 종합 예술, 연극

연극은 배우들이 극본에 따라 무대 위에서 말과 몸짓으로 이야기를 전하는 예술이에요. 미술, 음악, 춤과 함께 인류 역사상 가장 오래된 예술 가운데 하나이지요. 보통 연극을 종합 예술이라고 해요. 연극에는 작가, 연출가, 배우, 관객을 비롯해 희곡, 조명, 음악, 무대 장치, 분장 등 여러 가지가 한꺼번에 필요하기 때문이에요. 이 중에서도 배우, 무대, 관객, 희곡은 연극을 구성하는 핵심적인 요소라 할 수 있어요.

〈연극의 네 가지 요소〉

무대 무대는 연극을 하는 단으로, 관객이 잘 볼 수 있도록 객석 앞에 설치되어 있어요.

배우 배우는 희곡에 등장하는 인물로, 분장하고 연기하는 사람이에요. 이야기를 전달하는 배우가 없다면 연극은 이루어질 수 없어요.

희곡 연극 내용이 담긴 희곡에는 배우의 대사뿐 아니라 동작, 표정, 말투, 배경 등이 자세히 적혀 있어요.

관객 아무리 잘 만든 연극이라도 그것을 봐 주는 관객이 없다면 연극은 완성될 수 없어요. 연극에서 관객의 반응은 배우에게 큰 영향을 끼친답니다.

우리나라 전통 연극인 '탈춤'과 '판소리'에는 낱말의 비밀이 담겨 있어요. 둘은 각각 '탈+춤', '판+소리'로 '쪼갤 수 있는 낱말'이랍니다. 탈춤은 탈을 쓰고 추는 춤이고, 판소리는 한 사람이 긴 이야기를 북 장단에 맞추어 말과 노래로 풀어내는 거예요. 이 밖에도 '쪼갤 수 있는 낱말'로는 탈놀이, 김밥, 눈사람, 색종이 등이 있어요. '쪼갤 수 없는 낱말'로는 율, 옷, 부채, 종이 등이 있지요.

1 빈칸에 들어갈 낱말을 보기 에서 찾아 쓰세요.

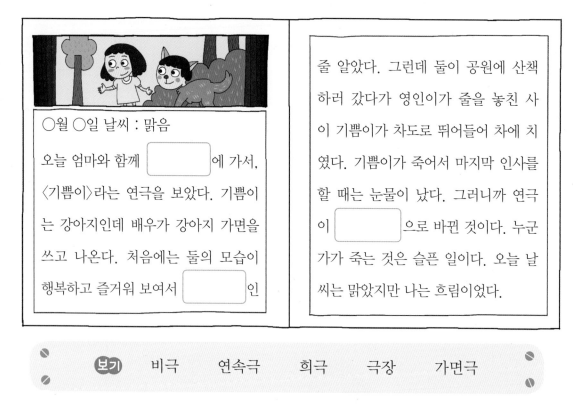

○월 ○일 날씨 : 맑음

오늘 엄마와 함께 [   ]에 가서, 〈기쁨이〉라는 연극을 보았다. 기쁨이는 강아지인데 배우가 강아지 가면을 쓰고 나온다. 처음에는 둘의 모습이 행복하고 즐거워 보여서 [   ]인

줄 알았다. 그런데 둘이 공원에 산책하러 갔다가 영인이가 줄을 놓친 사이 기쁨이가 차도로 뛰어들어 차에 치였다. 기쁨이가 죽어서 마지막 인사를 할 때는 눈물이 났다. 그러니까 연극이 [   ]으로 바뀐 것이다. 누군가가 죽는 것은 슬픈 일이다. 오늘 날씨는 맑았지만 나는 흐림이었다.

보기   비극   연속극   희극   극장   가면극

2 속뜻짐작 밑줄 그은 글자의 뜻을 찾은 후 그 뜻이 들어간 낱말을 찾아 선으로 이어 주세요.

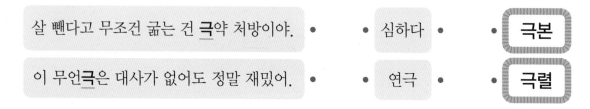

살 뺀다고 무조건 굶는 건 **극**약 처방이야. •   • 심하다 •   • **극본**

이 무언**극**은 대사가 없어도 정말 재밌어. •   • 연극 •   • **극렬**

3 속뜻짐작 다음 빈칸에 들어갈 낱말을 써 보세요.

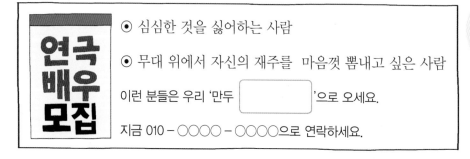

연극 배우 모집

⊙ 심심한 것을 싫어하는 사람

⊙ 무대 위에서 자신의 재주를 마음껏 뽐내고 싶은 사람

이런 분들은 우리 '만두 [   ]'으로 오세요.

지금 010 − ○○○○ − ○○○○으로 연락하세요.

어느 '연극 단체'에서 배우를 모집하는 거네.

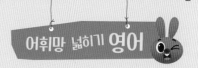

영화와 연극, 텔레비전 프로그램 등은 우리의 여가 시간을 즐겁게 해 주는 오락이에요.
영화, 연극 등과 관련된 낱말을 영어로는 어떻게 말하는지 알아볼까요?

play

play는 여러분이 잘 아는 '놀다'라는 뜻 외에도 무대에서 공연되는 '연극'을 뜻하기도 해요. '영화'는 movie, 우리가 텔레비전에서 보는 다양한 '프로그램'은 TV show라고 해요. 그중에서도 개그나 각종 예능 프로그램은 comedy show, '연속극'은 soap opera예요.

What is your hobby?
(너의 취미는 뭐니?)

My hobby is watching comedy shows.
(내 취미는 예능 프로그램을 보는 거야.)

2주 3일
학습 끝!

붙임 딱지 붙여요.

theater

'극장'은 theater예요. 연극이나 무용 등이 공연되는 공연장을 뜻할 때 주로 쓰지만 '영화관'을 뜻하기도 해요. 앞에 movie를 붙여 movie theater라고 하면 좀 더 명확하게 '영화관'을 뜻하지요. cinema도 '영화관'을 뜻하는데, 주로 영국에서 쓰이는 말이에요. 그렇다면 '영화를 보러 가다'는 어떻게 말할까요? 이 경우에는 굳이 theater를 쓰지 않고 go to the movies라고 하면 돼요.

How about going to the movies?
(영화 보러 갈래?)

That's a good idea.
Let's go to the nearest theater.
(좋아. 가장 가까운 극장에 가자.)

QR 찍고 발음 듣기

표(表)가 들어간 말 찾기

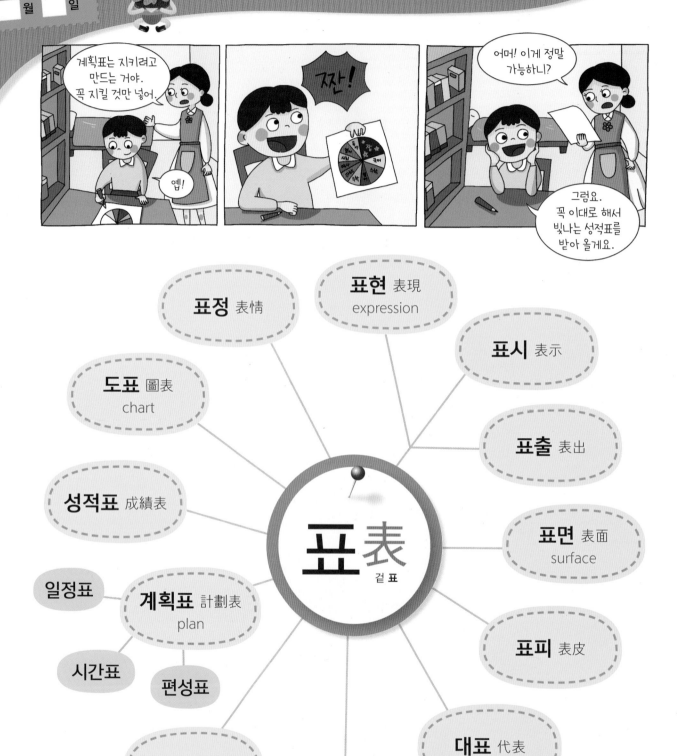

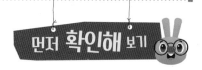

1 설명이 가리키는 낱말을 초성을 보고 써 보세요. 그리고 그 낱말을 아래 글자
판에서 찾아 선으로 묶어 보세요.

예 할 일이나 기차, 비행기의 출발과 도착
시각을 시간대별로 정리해 놓은 표예요.

시	간	표

① 시험 성적이 적혀 있는 표예요.

ㅅ	ㅈ	ㅍ

② 앞으로 해야 할 일의 순서, 방법 등을 정리해
놓은 표예요.

ㄱ	ㅎ	ㅍ

③ 감정이나 기분이 얼굴에 나타나는 것을
말해요.

ㅍ	ㅈ

④ 여러 자료를 조사해서 한눈에 내용을 볼 수
있도록 표로 나타낸 거예요.

ㄷ	ㅍ

⑤ 어떤 것의 가장 바깥쪽, 즉 겉면을 뜻해요.

ㅍ	ㅁ

⑥ 동물의 피부, 또는 가죽처럼 동식물의 가장
바깥쪽에 있는 껍질이에요.

ㅍ	ㅍ

⑦ 자신의 생각이나 의견, 조사한 결과 등을
사람들에게 알리는 거예요.

ㅂ	ㅍ

⑧ 반이나 회사 같은 모임에서 여러 사람의 의견을
정리하며 모임을 이끌어 가는 우두머리예요.

ㄷ	ㅍ

성	적	표	계	지	도	표	줄	홍
적	도	절	성	획	디	절	공	표
시	주	발	표	안	표	리	강	정
험	간	계	획	상	박	기	설	주
표	피	표	준	대	표	수	표	면

표정
表(겉 표) 情(뜻 정)

표정은 마음속에 품은 감정(뜻 정, 情)이 얼굴, 즉 겉(겉 표, 表)으로 드러나는 거예요. 비슷한말로 '얼굴빛', '낯빛'이 있어요.

표현 / 표시
表(겉 표) 現(나타날 현) 示(보일 시)

표현과 표시, '표출'은 모두 생각이나 느낌을 겉으로 드러낸다는 뜻이에요. 표현은 '행복을 표현한 연극'처럼 쓰고, 표시는 '감사의 표시'처럼 사용해요. 표출은 '감정 표출', '욕구 표출'처럼 쓸 수 있어요.

표면
表(겉 표) 面(낯 면)

표면은 사물의 가장 바깥쪽이나 윗부분, 겉으로 나타나 눈에 띄는 곳을 말해요. '겉'이나 '겉쪽'이라고도 하지요. 반대로 겉으로 드러나지 않는 안쪽은 '안 내(內)' 자를 써서 '내면'이라고 해요.

표피
表(겉 표) 皮(가죽 피)

동물 가죽이나 식물의 바깥쪽을 덮고 있는 껍질을 표피라고 해요. '참나무 표피는 딱딱하다', '양파 표피는 투명하다', '고등어 표피에 상처가 나다'처럼 써요.

대표
代(대신할 대) 表(겉 표)

대표는 학교나 동아리, 회사 같은 모임이나 단체를 이끌어 가는 사람을 말해요. 그리고 '대표하다'라고 하면 속해 있는 곳 전체를 상징한다는 뜻이 돼요.

발표
發(필 발) 表(겉 표)

발표는 어떤 사실이나 자신이 조사한 것, 혹은 자신이 만든 작품이나 생각을 여러 사람에게 알리는 거예요. '음반 발표', '의견 발표'처럼 써요.

출사표
出(날 출) 師(스승 사) 表(겉 표)

출사표는 옛날에 군대가 전쟁터에 나가겠다고 임금에게 올렸던 글이에요. 요즘에는 운동선수나 선거 후보가 경쟁에 참여하겠다고 하면 그걸 '출사표를 던졌다.'고 해요.

계획표
計(셀 계) 劃(그을 획) 表(겉 표)

계획표는 앞으로 할 일을 적은 표예요. 그중 '일정표'는 날짜별, '시간표'는 시간별로 할 일을 적은 거고 '편성표'는 방송 일정이나 군대 같은 모임의 구성을 적은 거예요.

성적표
成(이룰 성) 績(길쌈/공 적) 表(겉 표)

성적표는 성적을 기록한 표예요. 성적은 무언가를 이룬(이룰 성, 成) 성과를 (길쌈/공 적, 績) 뜻하는데, 학생이 노력하고 공부해서 얻은 성과뿐 아니라 가게나 운동 경기에서도 '판매 성적', '대회 성적'처럼 써요.

도표
圖(그림 도) 表(겉 표)

도표는 그림(그림 도, 圖)으로 나타낸 표(겉 표, 表)를 말해요. 여러 가지 자료를 모아서 조사한 다음에 그것을 알아보기 쉽게 그래프나 그림으로 나타낸 거예요. '그림표'라고도 해요.

자료가 한눈에 보이는 도표

우리 반 아이들이 좋아하는 간식을 조사해서 발표해야 한다고 할 때 가장 좋은 방법은 무엇일까요? 그냥 떡볶이를 좋아하는 사람은 몇 명이고, 햄버거를 좋아하는 사람은 몇 명이고…… 이런 식으로 발표한다면 머릿속에 쉽게 들어오지 않을 거예요. 이렇게 무언가를 숫자로 조사해서 정리해야 할 때, 도표를 이용하면 훨씬 쉽게 설명할 수 있어요. 도표는 어떤 것을 조사해서 얻은 결과가 한눈에 보이도록 그림 같은 표로 나타낸 거예요. 특히 직선이나 곡선, 점선으로 그린 도표를 그래프라고 해요. 그래프에는 막대그래프, 띠그래프, 원그래프, 꺾은선그래프 등이 있어요. 각 그래프를 좀 더 알아봐요.

〈그래프의 종류〉

원그래프
전체를 원으로 그리고 각 수치가 차지하는 비율을 원 안에 부채꼴 모양으로 나누어 표시한 거예요. 비율이 높을수록 부채꼴이 넓어져요.

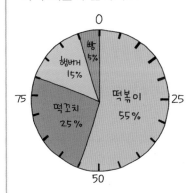

막대그래프
조사한 수량을 막대로 나타낸 거예요. 막대 높이로 어떤 것이 가장 많고 어떤 것이 가장 적은지, 차이는 얼마나 나는지 쉽게 알 수 있어요.

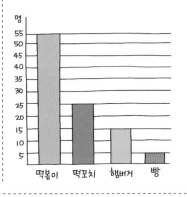

꺾은선그래프
조사한 수량을 점으로 표시한 뒤, 점들을 선으로 이어요. 시간에 따라 변하는 온도나 몸무게 등을 꺾은선 모양으로 쉽게 알 수 있어요.

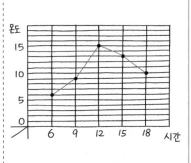

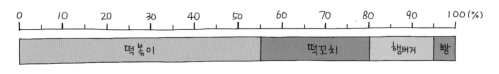

띠그래프
전체에 대해 각각의 수치가 차지하는 비율을 길쭉한 띠 모양으로 나타낸 그래프예요.
가로로 길쭉한 모양이라 너비를 보고 수량의 많고 적음을 한눈에 알 수 있어요.

1 밑줄 친 낱말의 뜻을 찾아 선으로 연결해 주세요.

개가 반갑다는 **표시**로 꼬리를
살랑살랑 흔든다. •

• 어떤 경쟁에 참여하겠다는
뜻을 알림.

한 어린이가 성인 바둑 대회에
출사표를 던졌다. •

• 생각이나 느낌을 겉으로
드러냄.

우리나라를 **대표**하는 꽃은
무궁화야. •

• 그것이 속해 있는 곳
전체를 상징함.

2 밑줄 친 낱말과 비슷한말을 보기 에서 찾아 빈칸에 써 보세요.

안녕하세요.
오늘은 실내 식물
키우기에 대해
알려 드리겠습니다.

얼마 전 세토어 대학 연구소의 ①**알림**이 있었죠. 실내 공기 정화 식물이 미세먼지를 제거하는 데 효과가 크다고 말입니다. 식물을 키울 때에는 식물 종류에 맞게 물을 주고, 잎의 ②**겉면**을 잘 닦아 잎이 숨 쉴 수 있게 해야 한다고 합니다.

> 보기   도표   표정   표면   표현   발표

① **알림** ➡ (비슷한말) ☐   ② **겉면** ➡ (비슷한말) ☐

3 속뜻짐작 빈칸에 공통으로 들어갈 낱말을 골라 보세요. (   )

한 기획사가
오디션을 한다고
누리집에 ☐했더라.

☐는 여러 사람에게
널리 알린다는 뜻이지?

'발표'랑
비슷한말 같아.

① 공표   ② 표출   ③ 계획표   ④ 표기

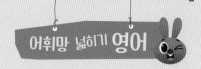
어휘망 넓히기 **영어**

온라인으로 대화할 때는 서로의 표정을 볼 수 없기 때문에 이모티콘을 사용하기도 해요.
다양한 표정이 담긴 이모티콘과 함께 감정을 나타내는 영어 단어를 알아볼까요?

2주 4일
학습 끝!

붙임 딱지 붙여요.

happy
행복한

sad
슬픈

angry
화난

annoyed
짜증 난

bored
지루한

surprised
놀란

scared
무서운

relieved
안도하는

disappointed
실망한

worried
걱정되는

confused
혼란스러운

nervous
긴장한

QR 찍고 발음 듣기

협(協)이 들어간 낱말 찾기

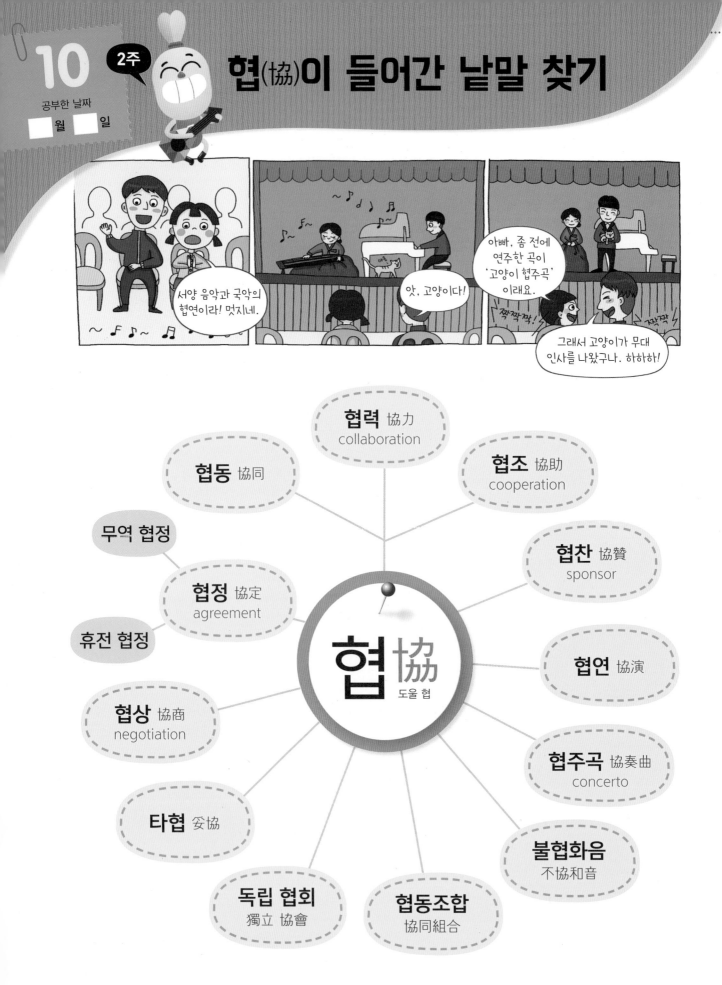

협력 協力 collaboration

협조 協助 cooperation

협동 協同

협찬 協贊 sponsor

무역 협정

협정 協定 agreement

협 協 도울 협

협연 協演

휴전 협정

협상 協商 negotiation

협주곡 協奏曲 concerto

타협 妥協

불협화음 不協和音

독립 협회 獨立 協會

협동조합 協同組合

1 빈칸에 들어갈 낱말을 보기에서 찾아 기호를 써 보세요.

① 두 나라 정부가 무역 [ ]을 맺었습니다.

② 이 프로그램은 〈주식회사 다먹어〉의 [ ]을 받아 제작되었습니다.

③ 국악과 클래식의 [ ]이 멋집니다.

④ 동생과 나는 고양이를 키울지 말지 [ ]을 했습니다.

⑤ 고양이를 키우는 대신 컴퓨터를 내가 쓰기로 [ ]했어요.

⑥ 전국 감자 [ ] 회원들이 감자 먹기 캠페인을 벌이고 있습니다.

보기 ㉠ 협찬   ㉡ 협동조합   ㉢ 타협   ㉣ 협연   ㉤ 협상   ㉥ 협정

2 바른 문장이 되도록 ( )에서 알맞은 낱말을 골라 ○ 하세요.

① 여러 음이 잘 어울리지 않게 나는 소리를 (**불협화음** / **협주곡**)이라고 해요.
② 같은 일을 하는 사람끼리 힘을 합쳐 물건을 사고팔아서 이익을 나누는 조직을 (**협동조합** / **협동**)이라고 해요.
③ 범인을 잡기 위해 학부모와 경찰이 (**협찬** / **협조**)하기로 했어요.

협동 / 협력
協(도울 협) 同(한가지 동)
力(힘 력/역)

'협동'과 '협력', '협조'는 힘을 합해 돕는다는 비슷한말이 에요. **협동**은 마음과 힘을 합한다, **협력**은 힘을 합해 서로 돕는다, '협조'는 서로 힘을 보탠다는 뜻이지요.

협찬
協(도울 협) 贊(도울 찬)

TV 프로그램, 행사 등에 필요한 물건이나 돈을 회사, 혹은 개인이 보태주 는 걸 **협찬**이라고 해요. '이번 바자회는 한 식당의 협찬으로 진행됐어.'처 럼 써요.

협연
協(도울 협) 演(펼/멀리 흐를 연)

바이올리니스트나 피아니스트가 오케스트라와 협연한다는 포스터를 본 적 있나요? **협연**은 원래 혼자서 악기를 연주하는 연주자가 다른 연주자나 악 단과 함께 연주하는 것을 말한답니다.

협주곡
協(도울 협) 奏(아뢸 주)
曲(굽을 곡)

협주곡은 피아노, 바이올린, 첼로 등이 홀로 연주하는 데에 여러 악기로 구 성된 관현악이 곁들여 연주하는 곡을 뜻해요.

불협화음
不(아니 불/부) 協(도울 협)
和(화할/화목할 화) 音(소리 음)

불협화음은 음악에서 여러 음이 잘 어울리지 않 게 나는 소리예요. '안어울림음'이라고도 하지요.

협동조합
協(도울 협) 同(한가지 동)
組(짤 조) 合(합할 합)

협동조합은 같은 일을 하는 사람들끼리 협동해서 잘살기 위한 방법을 찾고 실행하는 모임이에요. 농민들이 모인 '농업 협동조합'이나 소비자들이 모인 '생활 협동조합' 등이 있어요.

독립 협회
獨(홀로 독) 立(설 립/입)
協(도울 협) 會(모일 회)

독립 협회는 1896년에 서재필 등이 우리나라를 자주 독립 국가로 지키기 위해 만든 단체예요. 백성의 자주정신을 키 우기 위해 독립문을 세우고, 독립신문도 만들었어요.

타협
妥(평온할 타) 協(도울 협)

타협은 어떤 문제가 생겼을 때 함께 의논하고 서로 조금씩 양보하면서 문 제를 해결하는 거예요. '사귈 교(交)' 자와 '건널 섭(涉)' 자가 만난 '교섭'과 뜻이 비슷해요.

협상
協(도울 협) 商(장사 상)

협상은 어떤 일에 대해 각각 입장이 다를 때, 서로 만족할 만한 결정을 내 리기 위해 의견을 주고받으며 의논하는 것을 말해요. 회사와 직원들이 월급 에 대해 의논하는 걸 '임금 협상'이라고 하지요.

협정
協(도울 협) 定(정할 정)

협정은 서로 의논하여 결정하는 것으로, 국가 간 무역을 어떻게 할지 조건 을 결정하는 것은 '무역 협정', 전쟁을 얼마 동안 멈추기로 하는 결정은 '휴 전 협정'이라고 해요.

협상의 달인, 서희

우리 역사에는 협상이 그 어떤 무기보다 강하다는 걸 보여 준 사건이 있어요. 바로 '서희의 담판(말씀 담 談, 판단할 판, 判)'이에요.

993년, 북쪽에 있던 거란이 수십만 명의 군사를 이끌고 고려에 쳐들어왔어요. 고려 조정은 깜짝 놀랐지요. 여러 신하가 고려 땅 일부를 떼어 주어 거란을 달래자고 주장했어요. 하지만 서희의 생각은 달랐어요. 서희는 당시 거란이 힘을 키워 송나라를 집어삼키고 싶어 한다는 사실을 알고 있었어요. 고려가 송나라와 친하니까 고려를 자기편으로 만들어 송나라를 견제하고 싶어서 침략한 것이었지요.

왕은 자꾸 항복하라고 독촉하는 거란의 소손녕에게 서희를 보냈어요. 서희는 소손녕과 마주 앉았지요. 거란의 장수 소손녕은 "고려는 신라 땅에 세워졌으면서 왜 거란이 이미 차지한 고구려 땅으로 들어오려 하시오? 또한 바로 이웃한 우리 거란을 버리고 바다 건너 송나라와 친하게 지내는 이유는 무엇이오?" 하고 따졌어요.

이에 서희가 차분하게 대답했어요.

"고려는 고구려의 후손이오. 오히려 거란이 고구려 땅을 차지하고 있으니 그 땅을 우리에게 돌려주시오. 그 땅에 성을 쌓고 길을 만들어 앞으로 거란과 자주 오가겠소."

소손녕은 서희의 말에 고개를 끄덕였고 되돌아가면서 거란은 고구려의 옛 땅이었던 강동 6주를 고려에 넘겨주었어요. 서희의 협상 능력 덕분에 고려는 큰 희생을 피하고 오히려 땅까지 더 얻게 된 거예요. 협상의 힘은 참 대단하지요?

71

1 바른 문장이 되도록 ( )에서 알맞은 낱말을 골라 ○ 하세요.

① 두 나라가 전쟁을 중단하고 평화를 유지하기로 (협연 / 협정)을 맺었습니다.

② 우리 회사는 TV 프로그램 〈고양이 나라〉에 참치 통조림을 (협상 / 협찬)합니다.

③ 비상시에는 노약자 먼저 대피하도록 적극 (협조 / 타협)해 주시기 바랍니다.

2 속뜻짐작 밑줄 친 설명이 가리키는 낱말을 찾아 선으로 이어 주세요.

지난 회의에서 각 집마다 농사지은 농산물을 ① **여럿이 힘을 한데 모아** 제값 받고 잘 팔기 위해 ② **함께 생산하고 판매해 이익을 나누는 조직**을 만들자는 의견이 있있습니다. 이에 이 문제를 오는 10일 마을 회관에서 ③ **함께 의논**해 결정하기로 했습니다.

① · · 협동조합

② · · 협의

③ · · 협력

3 속뜻짐작 빈칸에 알맞은 낱말을 보기에서 찾아 ○ 하세요.

보기   협찬   협연   협약   협심

여러 악기, 또는 여러 가수가 협연하거나 합창을 하면 신비로운 화음이 만들어져요.
협연을 의미하는 다양한 영어 표현을 알아볼까요?

concert

concert는 발음 그대로 '콘서트', 또는 '공연'이란 뜻이에요. '피아노 연주회'는 piano concert라고 하죠. '연주회장'은 concert hall, '음악회 입장권'은 concert ticket이라고 해요.

concerto

concerto는 이탈리아어 '콘체르토'에서 나온 말로, '협주곡'이란 뜻이에요. '피아노 협주곡'은 piano concerto, '호른 협주곡'은 horn concerto라고 해요.

2주 5일
학습 끝!

붙임 딱지 붙여요

collaboration

collaboration은 '공동 작업', '협력'이라는 뜻으로, 음악에서 가끔 '협연'이란 뜻으로 쓰여요. 같은 분야의 음악가끼리, 또는 다른 분야의 음악가가 함께 음악을 만들어 내는 것을 가리켜요.

chorus

chorus는 '합창', '합창단'이란 뜻이에요. '남성 합창단'은 men's chorus, '여성 합창단'은 women's chorus, '혼성 합창단'은 mixed chorus예요.

QR 찍고 발음 듣기

진짜처럼 보이는 가짜
'사이비'

스승님, 소문 들으셨어요?
사람들이 다 윗마을 장씨가
군자라고 하더라고요.

나
공자

장씨는 군자가 아니다. 누구나 칭찬
하는 군자는 사이비 군자거든!

껄껄
껄껄

사이비는 이 잡초가
벼와 비슷해 구별하기
어려운 것과 같다.

그런 사람은 욕하려 해도
욕할 것이 없고

두리번   두리번

싸우려 해도 싸울
구실이 없지.

왜냐하면 그런 사람은 세상에 말로
아첨하는 자이기 때문이니라.

아첨이라고요?

사이비(같을 사 似, 말 이을 이 而, 아닐 비 非):
겉으로는 비슷해 보이지만 실제로는 완전히 다른 거예요.

자기보다 높은 사람에게는
말로만 충성하고,

충성

성실한 척하고,

믿음

누구보다 깨끗한 척하지.

먼지 하나 없어요

말로만 정의로운 척한단다.

포장
정의

말만 많고 겉만
번지르르하니, 그것이
곧 사이비니라.

쏙

그런데 스승님, 잡초를 뽑아야지
벼를 뽑으시면 어떡합니까?

오잉?

에효, 사이비 군자는 잘 가려내시면서
잡초와 벼를 헷갈리시다니!

하하
비슷하게
생겨서

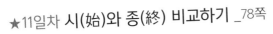

contents

토닥이와 함께
파이팅!

PART 2

PART2에서는 상대어나 주제어를 중심으로
관련이 있는 낱말들을 연결해서 배워요.

시(始)와 종(終) 비교하기

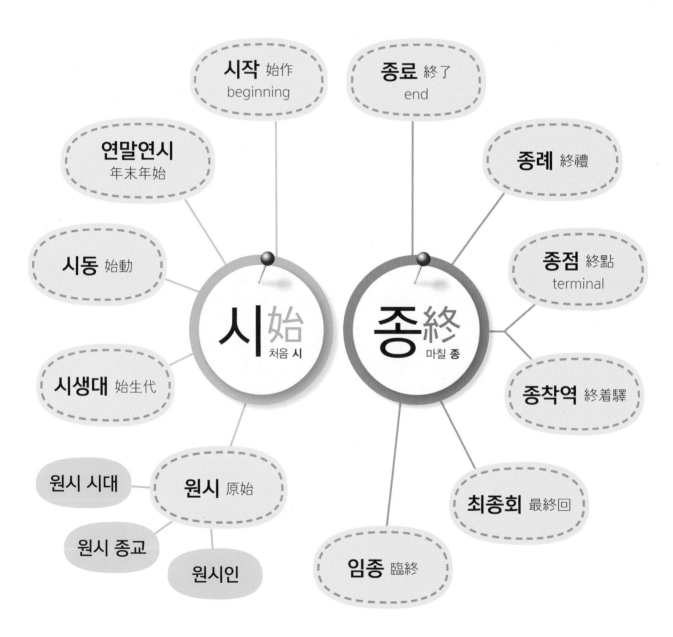

시작 始作 beginning

종료 終了 end

연말연시 年末年始

종례 終禮

시동 始動

종점 終點 terminal

시 始 처음 시

종 終 마칠 종

시생대 始生代

종착역 終着驛

원시 시대

원시 原始

최종회 最終回

원시 종교

원시인

임종 臨終

1 '처음'이란 뜻이 들어간 낱말에는 ○, '끝'이란 뜻이 들어간 낱말에는 △ 하세요.

연시   종례   시동

종점   원시인

2 다음 설명이 가리키는 낱말을 찾아 선으로 이어 주세요.

반복하던 일의 마지막 회예요.

처음 상태에서 발달하지 않은 거예요.

죽음을 맞이하는 거예요.

일이 끝나는 거예요.

지구에 생물이 처음 생겨난 시대예요.

종료   원시   최종회   임종   시생대

시작 VS 종료
始(처음 시) 作(지을 작)
終(마칠 종) 了(마칠 료)

시작은 어떤 일을 처음으로 하는 거예요. 반대로 시작된 일이 끝나는 것은 **종료**라고 해요. 종료와 비슷한말로 '맺을 결(結)' 자를 넣은 '종결'이 있어요.

연말연시
年(해 년/연) 末(끝 말)
始(처음 시)

연말연시는 한 해(해 년/연, 年)의 마지막(끝 말, 末) 때와 새해의 첫머리(처음 시, 始)를 가리키는 낱말이에요.

시동
始(처음 시) 動(움직일 동)

시동은 자동차 같은 기계가 처음 움직이기 시작하는 거예요. '자동차 시동을 걸었다.', '신곡 홍보 활동에 시동을 걸었다.'처럼 쓸 수 있어요.

시생대
始(처음 시) 生(날 생) 代(대신할 대)

지구가 만들어지고 약 46억 년 전부터 6억 년 전까지를 선캄브리아대라고 하는데, 시생대와 원생대로 나눌 수 있어요. 특히 **시생대**는 지구에 생물이 처음(처음 시, 始) 생겨난(날 생, 生) 시대(대신할 대, 代)라는 뜻이지요.

원시
原(언덕/근본 원) 始(처음 시)

원시는 처음의 자연 상태 그대로라는 뜻으로, '원시 시대'는 문명과 문화가 아직 발달하지 않은 시대이며 이 시대에 살던 사람은 '원시인'이라고 해요. 원시인들은 자연을 신으로 여기며 기도했는데, 이를 '원시 종교'라고 해요.

종례
終(마칠 종) 禮(예도 례/예)

종례는 학교에서 수업이 모두 끝나고 선생님과 학생들이 서로 인사하는 것을 말해요. 반대로 수업이 시작하기 전에 아침에 갖는 모임은 '조회'라고 해요.

종점 / 종착역
終(마칠 종) 點(점 점)
着(붙을 착) 驛(역마 역)

종점은 버스나 지하철, 기차가 다니는 구간의 맨 마지막 지점이에요. 그중에서 기차나 지하철이 마지막으로 다다르는 역은 **종착역**이라고도 해요.

최종회
最(가장 최) 終(마칠 종) 回(돌 회)

'최종'은 가장 마지막이라는 뜻이에요. 여기에 '돌 회(回)' 자를 붙이면 방송 드라마나 연재소설처럼 한 회씩 계속 이어지던 것의 마지막 회를 뜻하는 **최종회**가 돼요.

임종
臨(임할 림/임) 終(마칠 종)

임종은 삶의 마지막인(마칠 종, 終) 죽음을 맞이한다는(임할 림/임, 臨) 뜻이에요. 부모님이 돌아가시는 것을 지켜본다는 의미도 있어요.

화석이 말해 주는 원시 인류

인간은 언제부터 지구에 살게 되었을까요? 또 우리의 조상은 누구일까요? 정확히 알 수는 없지만 이에 대해 답을 알려 주는 게 있어요. 바로 '화석'이에요. 화석은 동식물의 시체나 발자국, 똥 등이 돌처럼 굳어진 것을 말해요. 이 화석에서 발견되는 아주 먼 옛날의 인간을 '원시 인류'(언덕/근본 원 原, 처음 시 始, 사람 인 人, 무리 류/유 類)라고 해요. 화석에서 밝혀진 최초의 인류는 약 400만 년 전에 살았던 오스트랄로피테쿠스예요. '아프리카 남쪽의 원숭이'라는 뜻이지요.

이후 허리를 곧게 펴고 걸어 다니는 호모 에렉투스가 나타났고, 이어 지금의 인류와 비슷한 호모 사피엔스가 나타났어요. 약 4만~5만 년 전에는 지금 인류의 직접적인 조상으로 추정되는 호모 사피엔스 사피엔스가 등장했답니다.

〈원시 인류의 진화 모습〉

오스트랄로피테쿠스
키가 1m 정도로 뇌의 크기가 작았으며, 생김새도 사람보다는 원숭이에 가까웠어요. 하지만 두 발로 걸어 다니는 직립 보행을 하였으며 도구도 사용했어요.

호모 에렉투스
키가 약 160cm 정도로 완전한 직립 보행을 했어요. 인류 최초로 불을 사용할 수 있게 된 덕분에 따뜻한 아프리카를 떠나 조금 더 추운 지역에 가서 살 수 있었어요.

호모 사피엔스
'슬기로운 사람'이란 뜻이에요. 네안데르탈인이 대표적인 호모 사피엔스인데, 이들은 사람이 죽으면 땅에 묻었으며 간단한 언어와 문자를 사용했을 것으로 추측돼요.

호모 사피엔스 사피엔스
'지혜롭고 지혜로운 사람'이란 뜻으로 '슬기슬기 사람'이라고도 해요. 그림을 그리는 등 예술 활동을 했을 뿐 아니라 나뭇가지 등으로 지붕을 덮은 움집을 지어 살았어요.

81

1 서로 반대되는 낱말끼리 선으로 이어 주세요.

연말 •　　　　　　　　　　　　• 조회

종료 •　　　　　　　　　　　　• 시작

종례 •　　　　　　　　　　　　• 연시

2 밑줄 친 낱말이 문장과 어울리지 <u>않는</u> 것을 찾아보세요. (　　　)

① 엄마는 마트 할인 행사 **종료** 5분 전에 물건을 사셨어.

② 오늘 드라마 '우리들의 세상'이 **최종회**라는 거 알아?

③ 버스가 가다가 멈췄는데 **시동**이 안 걸려서 다른 버스로 갈아탔어.

④ 아침 **종례** 시간에 선생님께서 급식을 골고루 먹으라고 하셨어.

3 속뜻짐작 밑줄 친 내용이 가리키는 낱말을 골라 보세요. (　　　)

<화면><심우장에 다녀오다>

어제 아빠와 함께 서울 성북동에 있는 '심우장'에 다녀왔다. 심우장은 시인인 한용운 스님이 살았던 집이다. 스님은 평생 **처음부터 끝까지 한결같이** 오직 우리나라의 독립을 위해 싸웠다. 3·1 운동 때는 주도적으로 독립운동을 이끌다가 일제에 잡혀가 감옥살이까지 했다. 나도 한번 마음을 먹으면 끝까지 잘 지켜야겠다.

① 일맥상통　　　② 시종일관　　　③ 최종회　　　④ 시생대

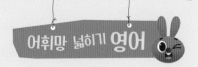

모든 일에는 처음과 끝이 있어요.
시작과 끝, 처음과 마지막이라는 뜻의 영어 단어를 알아볼까요?

start

start는 '시작하다', '출발하다'란 뜻이에요. '나는 영어를 배우기 시작했어.'는 'I started learning English.'라고 말해요. 또 start에는 '시동을 걸다'는 뜻도 있어서 '차에 시동이 안 걸려.'라고 할 때는 'The car won't start.'라고 말하면 돼요.

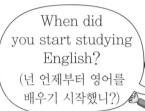

3주 1일
학습 끝!

붙임 딱지 붙여요.

finish

finish는 '마치다', '끝내다', '졸업하다'라는 뜻이에요. '초등학교를 졸업하다'는 finish elementary school이에요. '숙제를 끝냈니?'라고 물을 때는 'Did you finish your homework?'라고 말해요. 그리고 '처음부터 끝까지'는 영어로 from start to finish예요. 그래서 '처음부터 끝까지 배꼽 잡고 웃었다.'는 'From start to finish, I laughed my head off.'라고 해요.

승(乘)과 강(降) 비교하기

승강장 乘降場 platform

승차 乘車

탑승객

탑승 搭乘 boarding

탑승권 탑승구

환승 換乘 transfer

승무원 乘務員 crew

승마 乘馬

승 乘 탈 승

강 降 내릴 강

하강 下降

급강하 急降下

강수량 降水量

강우량 降雨量

강설량 降雪量

강등 降等

1 '오르다'라는 뜻을 품은 낱말끼리 선으로 연결하고, '내리다'라는 뜻을 품은 낱말끼리 선으로 연결해 보세요.

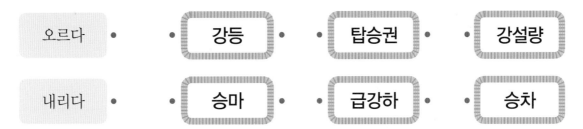

2 십자말풀이를 해 보세요. 답은 보기 에서 고르세요.

가로 ① 비행기나 버스, 지하철에 탐.
세로 ① 비행기나 배, 기차에서 손님에게 운행과 관련된 것을 안내하고 여행을 돕는 사람

보기 무 원 탑

가로 ② 비행기를 국제선에서 국내선으로 갈아타는 것처럼 다른 노선이나 교통수단으로 갈아탐.
세로 ② 비행기, 배, 지하철 등에 타기 위한 입구

보기 환 구 탑

가로 ③ 비나 눈, 우박 등의 물이 일정 기간 동안 땅에 내린 양
세로 ③ 비가 일정 기간 동안 땅에 내린 양

보기 수 우

③ ③강		량
량		

승강장
乘(탈 승) 降(내릴 강) 場(마당 장)

'승강'은 자동차나 버스 등 탈것에 타고 내리는 일이에요. 여기에 '마당 장(場)' 자를 붙인 **승강장**은 버스, 전철 등을 타고 내리는 장소를 가리켜요.

승차
乘(탈 승) 車(수레 거/차)

승차는 차에 올라타는(탈 승, 乘) 거예요 반대로 차에서 내리는 것은 '아래 하(下)' 자를 써서 '하차'라고 해요. 또한 '드라마 중도 하차'처럼 어떤 일을 하다가 중간에 그만둔다는 뜻으로 사용할 수 있어요.

탑승
搭(탈 탑) 乘(탈 승)

탑승은 비행기나 자동차, 배 등에 타는 거예요. 이때 탑승하는 손님은 '탑승객', 탑승할 수 있음을 보여 주는 표는 '탑승권', 탑승하기 위해 지나는 입구는 '탑승구'라고 해요.

환승
換(바꿀 환) 乘(탈 승)

지하철이나 버스 등을 타고 가다가 다른 노선으로 갈아타거나 탈것을 다른 것으로 바꿔 타는 것을 **환승**이라고 해요. 다른 교통수단으로 갈아타는 역은 '역마 역(驛)' 자를 붙여 '환승역'이라고 해요.

승무원
乘(탈 승) 務(힘쓸 무) 員(인원 원)

비행기나 기차, 배를 타면 승객의 짐이나 탑승권을 검사하고 운행 시간 등을 알려 주는 **승무원**이 있어요. 승무원은 승객이 목적지까지 잘 도착할 수 있도록 안내하지요.

승마
乘(탈 승) 馬(말 마)

승마는 말을 탄다는 뜻으로 주로 말을 타고 하는 운동 경기를 가리켜요. 다른 말로 '기마'(말 탈 기 騎, 말 마 馬)라고도 해요. '옷 복(服)' 자를 붙인 '승마복'은 승마할 때 입는 옷을 말해요.

하강
下(아래 하) 降(내릴 강)

하강은 높은 곳에서 낮은 곳으로 내려오는 거예요. '낙하산이 하강하다', '천사가 하강하다'처럼 쓸 수 있어요. 반대로 아래에서 위(위 상, 上)로 올라가는(오를 승, 昇) 것은 '상승'이라고 해요.

급강하
急(급할 급) 降(내릴 강) 下(아래 하)

높은 곳에서 아래로 내려오는 것을 '강하'라고 해요. **급강하**는 급하게 아래로 내려간다는 뜻이에요. 비행기나 놀이기구가 갑자기 내려가는 것을 '급강하'라고 하듯 기온이나 가격이 갑자기 내려가는 것도 '급강하한다'고 해요.

강수량 / 강우량
降(내릴 강) 水(물 수)
量(헤아릴 량/양) 雨(비 우)

강수량은 비나 눈, 우박처럼 하늘에서 땅에 떨어져 내린 물의 양을 말해요. 이 중 일정한 기간 동안 내린 비의 양을 '비 우(雨)' 자를 붙여 **강우량**이라 하고, 눈이 내린 양은 '눈 설(雪)' 자를 붙여 '강설량'이라고 해요.

강등
降(내릴 강) 等(무리 등)

강등은 등급이나 계급이 떨어지는 거예요. 군인, 공무원의 직급이 낮아지거나 1군에 있던 야구 선수가 2군이 되는 것도 강등이라고 해요. 반대로 낮은 등급이나 계급이 좀 더 높이 올라가는 것은 '승진'이에요.

우리나라 강수량의 특징

스키 좋아하나요? 우리나라 산간 지역에는 스키장이 많아요. 겨울에 산간 지역은 눈 때문에 강수량이 많거든요. 반면 서해안에는 소금 만드는 염전이 많기로 유명해요. 햇볕이 강하고 강수량이 적기 때문이지요. 또한 대구 같은 내륙 지역보다는 섬이나 남해안, 동해안 같은 바닷가에 강수량이 많아요. 이렇게 우리나라는 지역별로 강수량이 달라요. 남쪽은 강수량이 많고 북쪽으로 갈수록 적어지지요. 강수량은 계절에 따라서도 달라져요. 7~8월에 강수량이 많고 12~2월에는 강수량이 적어요. 이렇게 내리는 전국의 1년 평균 강수량이 약 1,300mm 정도인데 이는 세계 평균 강수량보다 약간 높은 것이랍니다.

〈우리나라 계절별 강수량〉

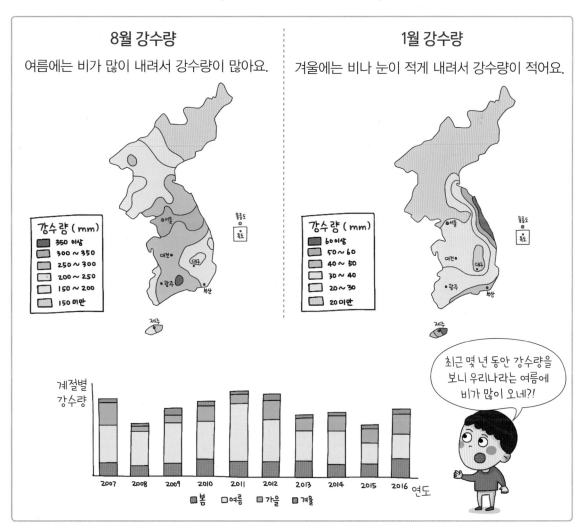

1 빈칸에 알맞은 낱말을 선으로 이어 주세요.

기온 ☐(으)로 미처 뽑지 못한
배추가 얼었어요.

•   • 탑승

이 차를 타면 ☐하지 않고 목적지까지
바로 갈 수 있나요?

•   • 하강

1번 ☐구로 가서 비행기를 타세요.

•   • 급강하

석유 값이 4주간 계속 ☐했다고
운전자들이 기뻐합니다.

•   • 환승

2 빈칸에 알맞은 낱말 카드에 색칠해 보세요.

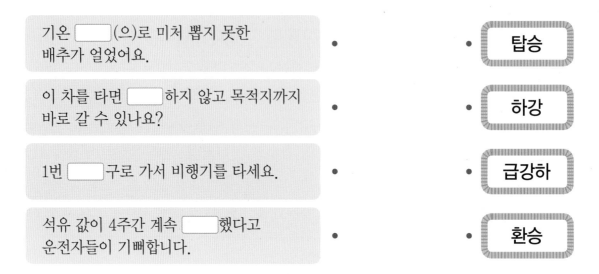

조선 시대 사람들은 농사를 지으며 살았어요. 농사를 잘 지으려면 비가 얼마나 왔는지 꼭 알아야 했어요. 그래서 조선의 왕 세종은 ☐을 재는 측우기를 만들도록 지시했어요.

강우량   승강장   승무원

3 속뜻짐작 빈칸에 알맞은 낱말을 보기 에서 찾아 ○ 하세요.

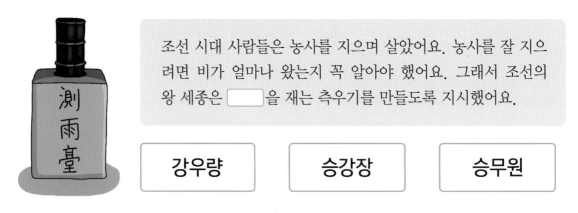

아까 엄마 차에 함께 탄 사람이 누구였는지 아니?

응, ☐자가 이모였어.

동시에 타고 가는 거잖아?

보기   강등   시승   동승   승차

승강은 '타다', '내리다', 또는 '오르다', '내려가다'란 뜻이에요.
영어에서는 타고 내리는 것을 어떤 단어로 표현하는지 알아보아요.

take

take는 버스나 택시 같은 것을 '타다'라는 뜻이에요. '어떤 버스를 타야 하나요?'는 'Which bus should I take?', '택시 타자.'는 'Let's take a taxi.'라고 말하면 돼요.

Let's take a taxi.

get

get도 '타다'라는 뜻이지만 타는 행동을 더 강조해요. 버스나 기차를 탈 때에는 get on을 써요. '버스에 타세요.'는 'Please get on the bus.'예요. 반대로 차에서 내릴 때는 get off를 써요. 'Mom, where do we get off?'는 '엄마, 어디서 내려요?'라는 뜻이에요.

Where do we get off?

3주 2일
학습 끝!

붙임 딱지 붙여요.

ride

ride는 '올라타다'라는 뜻이에요. 자전거나 오토바이, 말 등에 올라탈 때 주로 사용해요. '오토바이를 타다'는 ride in a motorcycle, '자전거를 타다'는 ride a bicycle, '말을 타다'는 ride a horse라고 해요.

board

board는 '타다', '탑승하다'라는 뜻이에요. 주로 비행기나 커다란 배에 탈 때 사용해요. '탑승권'은 boarding pass, '비행기에 빨리 탑승해 주세요.'는 'Please board the plane immediately.'예요.

나는 'ride'하고 있는 걸까, 'board' 하고 있는 걸까?

QR 찍고 발음 듣기

곡(曲)과 직(直) 비교하기

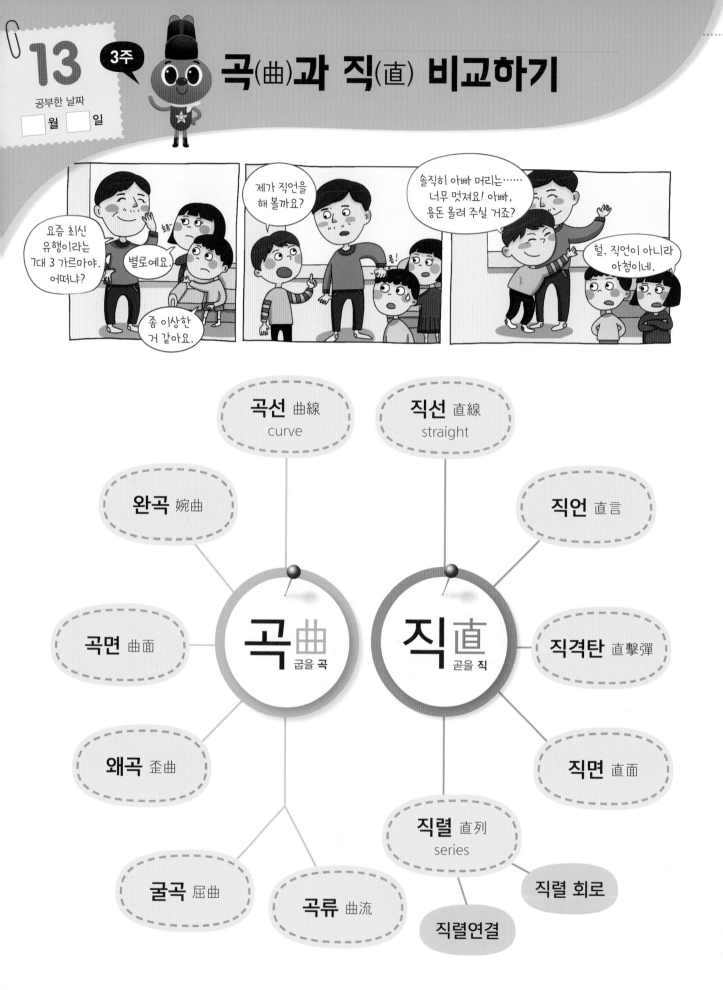

1 낱말 카드에서 '똑바르고 곧은'이란 뜻을 지닌 낱말에는 빨간색을, '구부러지거나 굽은'이란 뜻을 지닌 낱말에는 파란색을 칠해 보세요.

직선	직면	굴곡

직언	곡선	곡면

2 각 낚시꾼이 설명하는 낱말을 찾아 빈칸에 말풍선 번호를 써 보세요.

곡선 vs 직선
曲(굽을 곡) 線(줄 선) 直(곧을 직)

곡선은 굽은 선이에요. 선이나 길이 구부러진 부분은 외래어로 '커브'라고 하지요. 반대로 직선은 꺾이거나 휘지 않고 곧게 뻗은 선이에요. 직선으로 쭉 뻗은 길을 '곧은길'이라고 해요.

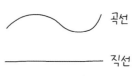
곡선
직선

완곡 vs 직언
婉(아름다울 완) 曲(굽을 곡)
直(곧을 직) 言(말씀 언)

완곡은 부드럽게 돌려 말하는 거예요. 누군가의 부탁을 거절하거나 단점을 말할 때 완곡하게 말하면 상대방이 기분 나쁘지 않게 받아들일 수 있지요. 반대로 옳고 그른 것에 대해 자신의 생각을 솔직히(곧을 직, 直) 말하는 걸 직언이라고 해요.

곡면
曲(굽을 곡) 面(낯 면)

평면과 상대되는 굽은(굽을 곡, 曲) 면(낯 면, 面)은 곡면이에요. 수학에서는 원기둥이나 원뿔의 옆면처럼 둥글게 생긴 모양을 말해요. 둥글게 휘어진 곡면 모니터나 키보드, 텔레비전 등도 있어요.

왜곡
歪(비뚤 외/왜) 曲(굽을 곡)

왜곡은 사실과 다르게(비뚤 외/왜, 歪) 말하거나 그릇되게(굽을 곡, 曲) 만든다는 뜻이에요. '역사를 왜곡하지 마십시오.'라고 하면 역사를 사실과 어긋나게 말하거나 꾸미지 말라는 뜻이지요. 비슷한말로 지어서(지을 조, 造) 만든다는(지을 작, 作) 뜻의 '조작'이 있어요.

굴곡 / 곡류
屈(굽힐 굴) 曲(굽을 곡)
流(흐를 류/유)

굴곡은 쭉 뻗어 있지 않고 구불구불한 거예요. '길에 굴곡이 있다.'고 하면 길이 이리저리 굽어 있다는 뜻이고 '굴곡 있는 인생'이라고 하면 사는 동안 좋은 일과 나쁜 일이 번갈아 나타났다는 말이지요. 곡류는 구불구불 굽이쳐 흘러가는 흐름을 가리켜요.

직격탄
直(곧을 직) 擊(칠 격) 彈(탄알 탄)

직격탄은 '적에게 직격탄을 날렸어.'처럼 곧바로(곧을 직, 直) 날아와서 목표물을 딱 맞힌(칠 격, 擊) 탄환(탄알 탄, 彈)이란 뜻이에요. '갑자기 추워진 날씨로 농작물이 직격탄을 맞았다.'처럼 어떤 일이나 사람에게 심한 피해를 주었다는 뜻으로도 쓰여요.

직면
直(곧을 직) 面(낯 면)

직면은 어떤 일이나 문제에 정면으로 맞닥뜨리는 것을 말해요. '어려운 상황에 직면하다', '위험에 직면하다'처럼 써요. 바로 눈앞에서 마주친다는 뜻의 '당면'과 뜻이 비슷해요.

직렬
直(곧을 직) 列(벌일 렬/열)

전기가 흐르도록 연결한 전기 회로에서 건전지를 서로 다른 극끼리 맞대어 한 줄로 늘어놓는 것을 직렬이라고 해요. 이것을 '직렬연결'이라고도 해요. 여기에 전선을 잇고 전구 같은 전기 도구를 단 전기 회로는 '직렬 회로'라 해요.

직렬 회로

곡면으로 이루어진 원기둥과 원뿔

우리 주변에는 통조림이나 아이스크림콘 등 구부러진 곡면을 가진 물건이 많아요. 이런 물건들을 잘 살펴보면 원기둥과 원뿔의 특징을 알 수 있지요. 통조림통을 닮은 원기둥은 두 밑면이 똑같은 원이고 옆면은 곡면이에요. 아이스크림콘을 닮은 원뿔은 원 모양의 밑면이 하나 있고 옆면이 곡면이지요. 이 둘은 입체 도형인데 이를 펼쳐 보는 그림을 '전개도(펼 전 展, 열 개 開, 그림 도 圖)'라고 해요. 원기둥과 원뿔의 특징과 전개도를 그림으로 살펴볼까요?

〈원기둥, 원뿔의 특징과 전개도〉

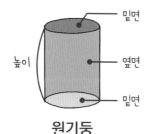

원기둥

원기둥은 두 밑면이 똑같은 원 모양이고 옆면은 곡면으로 둘러싸인 입체 도형이에요.

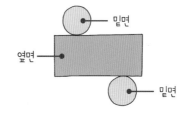

원기둥 전개도

원기둥을 펼치면 직사각형 모양과 원 모양이 나타나요.

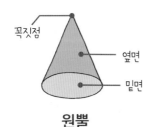

원뿔

원뿔은 원 모양의 밑면이 하나 있고, 옆면은 곡면인 고깔 모양의 입체 도형이에요.

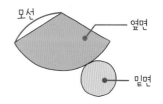

원뿔 전개도

원뿔을 펼치면 부채 모양과 원 모양이 나와요. 부채 모양을 부채꼴이라고 해요.

부채꼴은 '부채'와 '꼴'로 쪼갤 수 있는 말이에요. 이 중 '꼴'은 원래 사람의 됨됨이나 모습을 뜻하기도 하고 사물의 겉모양을 뜻하기도 해요. 그러니까 부채꼴은 '부채 모양'이라는 뜻이에요. 네모꼴, 세모꼴, 나비꼴, 말굽꼴 하면 그런 모양이라는 뜻이랍니다.

1 빈칸에 알맞은 낱말과 어울리는 그림을 이어 보세요.

피아노를 못 친다고 민수에게 ☐ 하면 민수가 상처받을 거야. •

• 완곡 •

민수에게 피아노 연습을 좀 더 하면 잘할 것 같다고 ☐ 하게 말해야지. •

• 직언 •

2 ( ) 안에서 알맞은 낱말을 찾아 ○ 해 보세요.

① 거제도 해안선은 반듯하지 않고 (굴곡 / 직렬)이 심하다.

② 기자는 사실과 다른 (곡류 / 왜곡)된 기사를 쓰면 안 된다.

③ 난 힘든 상황에 (직면 / 곡면)했을 때 꼭 이 책을 본다.

④ 자를 대고 그으면 (왜곡 / 직선)을 금방 그릴 수 있다.

⑤ 선수가 친 공이 둥그렇게 (곡선 / 직렬)을 그리며 날아간다.

3 속뜻짐작 밑줄 친 설명에 알맞은 낱말은 무엇인가요? ( )

내일부터 다이어트 할 건데 지금 옷을 사는 게 맞는 일일까요?

아유, 예쁘니까 **옳고 그름을 따지지 말고** 사세요.

일의 옳고 그름을 따지지 말라는 말은 곧 굽음과 곧음을 묻지 말라는 말이야.

① 불문곡직　　② 첩첩산중　　③ 사시사철　　④ 직렬연결

공처럼 둥근 물체를 의미하는 '구(球)'는 영어로 sphere라고 해요.
구에 대해 조금 더 자세히 알아볼까요?

구를 반으로 나눈 '반구'는 hemisphere라고 해요. 우리가 사는 지구를 가상으로 나눈 반구도 hemisphere라고 불러요.

지구를 가로 또는 세로로 자르냐에 따라 4개의 반구로 구분할 수 있어요. 적도(equator)를 기준으로 나누어 '북반구'는 northern hemisphere라고 하고, '남반구'는 southern hemisphere 라고 해요. northern과 southern은 각각 '북쪽의', '남쪽의'라는 뜻이지요.

지구를 세로로 나누는 기준점은 바로 본초 자오선이에요. 이 선을 기준으로 '서반구'는 western hemisphere, '동반구'는 eastern hemisphere라고 해요. western과 eastern은 각각 '서쪽의'와 '동쪽의'를 뜻한다는 것도 잊지 마세요.

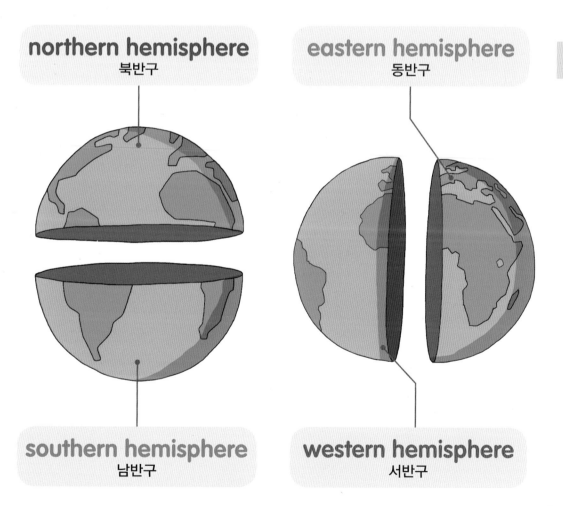

northern hemisphere
북반구

eastern hemisphere
동반구

southern hemisphere
남반구

western hemisphere
서반구

3주 3일
학습 끝!

붙임 딱지 붙여요.

QR 찍고 발음 듣기

14 3주 지구(地球) 관련 말 찾기

공부한 날짜 [ ]월 [ ]일

위성

행성

소행성

태양계 太陽系
Solar system

혜성

자전 自轉

공전 公轉

중력 重力
gravity

지구 地球
땅지 공구

오대양 육대륙
五大洋 六大陸

지각 地殼

북반구 北半球

맨틀
mantle

남반구 南半球

핵 核

1 설명에 알맞은 낱말을 보기에서 찾아 써 보세요.

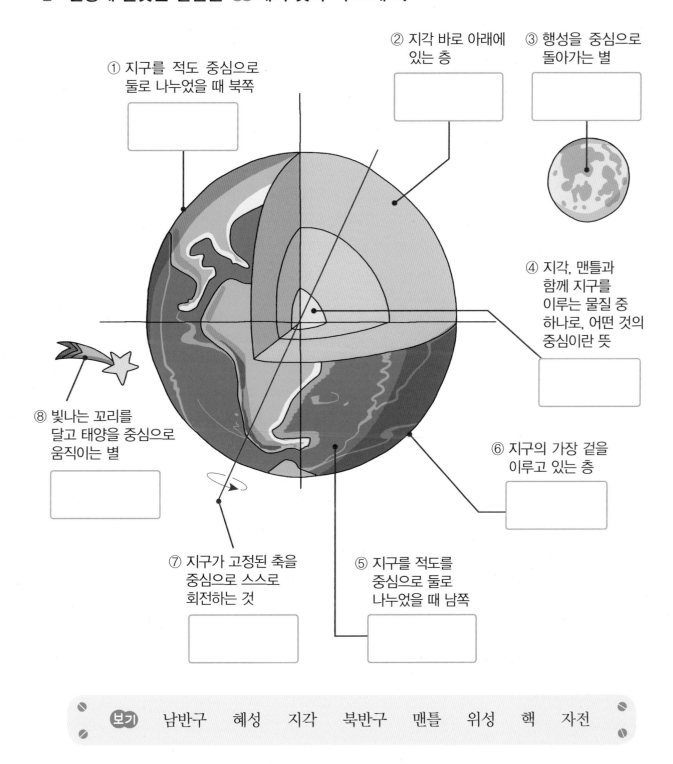

① 지구를 적도 중심으로 둘로 나누었을 때 북쪽

② 지각 바로 아래에 있는 층

③ 행성을 중심으로 돌아가는 별

④ 지각, 맨틀과 함께 지구를 이루는 물질 중 하나로, 어떤 것의 중심이란 뜻

⑤ 지구를 적도를 중심으로 둘로 나누었을 때 남쪽

⑥ 지구의 가장 겉을 이루고 있는 층

⑦ 지구가 고정된 축을 중심으로 스스로 회전하는 것

⑧ 빛나는 꼬리를 달고 태양을 중심으로 움직이는 별

보기 남반구   혜성   지각   북반구   맨틀   위성   핵   자전

우리가 살고 있는 곳은 지구예요. 지구는 태양 주위를 도는 행성 가운데 하나지요. 우리가 살고 있는 지구가 어떻게 생겼고, 어떤 특성이 있는지, 또 지구 주위엔 무엇이 있는지 등을 알아보고, 관련 낱말도 함께 살펴보아요.

태양계

太(클 태) 陽(볕 양)
系(이어 맬 계)

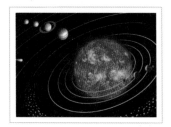

태양 주위로는 여덟 개의 행성과 위성, 소행성과 혜성 들이 돌고 있어요. 이를 **태양계**라고 해요. 태양 주위를 도는(다닐 행, 行) 수성, 금성, 지구, 화성, 목성, 토성, 천왕성, 해왕성 같은 별(별 성 星)은 '행성'이라고 하고요. 행성 중에는 지구 주위를 도는 달처럼 행성 주위를 도는(지킬 위, 衛) '위성'을 가진 것도 있어요. 행성보다 작은(작을 소, 小) 별은 '소행성'이라고 하지요. 또한 빛나는 꼬리를 달고 태양 주위를 도는 별인 '혜성'도 있어요. 혜성이 지나면서 먼지 찌꺼기를 남겨 그것이 지구로 떨어지면 불에 타는 별똥별이 돼요.

자전/공전

自(스스로 자) 轉(구를 전)
公(공평할 공)

지구에 밤낮이 생기는 것은 지구가 하루에 한 번씩 스스로(스스로 자, 自) 도는(구를 전, 轉) **자전**을 하기 때문이에요. 이때 지구는 보이지 않는 축을 중심으로 도는데 이를 '자전축'이라고 해요. 또한 계절이 생기는 이유는 지구가 1년에 한 번 태양 주위를 돌기 때문이지요. 이를 **공전**이라고 해요.

중력

重(무거울 중) 力(힘 력/역)

중력은 지구가 물체를 지구 중심 쪽으로 끌어당기는 힘이에요. 지구가 지구의 모든 물체를 끌어당기고 있기 때문에 우리가 땅 위를 걸을 수 있고, 물이 아래로 흐르며 달이 지구 주위를 계속 돌아가는 거예요. 만약 중력이 없다면 끌어당기는 힘이 없기 때문에 달은 지구로부터 멀리 튕겨져 나갈 거예요. 지구의 물체들도 아마 우주선에 있는 물건들처럼 모두 공중에 둥둥 떠 있을지 몰라요. 이처럼 중력이 없는 것을 '없을 무(無)' 자를 넣어 '무중력'이라고 해요.

지각/핵
地(땅 지) 殼(껍질 각) 核(씨 핵)

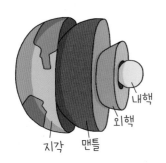

지구는 크게 지각과 맨틀, 핵으로 이루어져 있어요. 사과 껍질처럼 지구를 둘러싼 **지각**은 지구 땅(땅 지, 地)의 겉껍질(껍질 각, 殼)로 지구 전체 중 약 1퍼센트를 차지하고 있어요. 지각 바로 아래에 있는 '맨틀'은 두꺼운 암석층, 즉 바위로 이루어진 층인데 지구 부피의 80퍼센트 이상을 차지하지요. 맨틀 아래 지구 중심부에는 핵이 있어요. **핵**은 중심이라는 뜻인데, 바깥쪽(바깥 외, 外)에 있는 핵(씨 핵, 核)을 '외핵'이라고 해요. 외핵은 철과 같은 금속성 물질로 이루어져 있는데 액체 상태예요. 외핵 밑에서부터 지구 한가운데까지는 안(안 내, 內)에 있는 핵이란 뜻의 '내핵'이 있어요. 내핵은 외핵처럼 철과 같은 금속성 물질로 이루어져 있는데 외핵보다 온도가 높아서 거의 6,000도에 이르지요. 압력이 워낙 높아서 고체 상태일 것으로 짐작하고 있어요.

북반구/남반구
北(북녘 북) 半(절반 반)
球(공 구) 南(남녘 남)

북반구는 지구를 적도를 기준으로 둘로 나누었을 때 지구(공 구, 球)의 북쪽(북녘 북, 北) 절반(절반 반, 半), **남반구**는 지구의 남쪽(남녘 남, 南) 절반이란 뜻이에요. 북반구와 남반구는 계절이 정반대

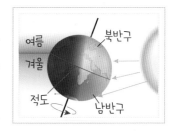

예요. 지구가 기울어진 상태로 태양을 돌기 때문이지요. 그래서 북반구가 태양의 빛을 많이 받는 여름일 때, 남반구는 태양과 거리가 멀어져서 추운 겨울이 돼요.

오대양 육대륙
五(다섯 오) 大(큰 대)
洋(큰 바다 양) 六(여섯 륙/육)
大(큰 대) 陸(뭍 륙)

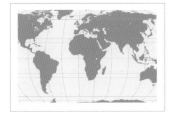

우주에서 찍은 지구 사진을 본 적 있나요? 사진 속 육지는 갈색이나 초록색으로 보이고, 바다는 파란색으로 보여요. 자세히 보면 파란색이 더 많아요. 지구의 약 70퍼센트가 바다이기 때문이에요. 세계의 바다 가운데서도 특히 더 넓고 큰(큰 대, 大) 바다(큰 바다 양, 洋)를 '대양'이라고 해요. 지구에는 태평양, 대서양, 인도양, 북극해, 남극해, 모두 다섯 개의 대양이 있어요. 이 대양 위에 드러난 아주 큰(큰 대, 大) 땅덩어리(뭍 륙, 陸)를 '대륙'이라고 하지요. 지구에는 아시아, 유럽, 북아메리카, 남아메리카, 아프리카, 오세아니아 여섯 개의 대륙이 있어요. 다섯 개의 대양과 여섯 개의 대륙을 합쳐 **오대양 육대륙**이라고 해요.

1 빈칸에 알맞은 낱말을 보기에서 찾아 번호를 써 보세요.

> 아빠, 여름 방학 때 저랑 별 보러 가 주셔서 고마워요. 망원경 속에 반짝이던 별이
>
> 금성이라고 하셨죠? 저는 그렇게 반짝이는 별이 지구처럼 태양 주위를 도는 ☐
>
> 이라는 데 깜짝 놀랐어요. 지구도 멀리서 보면 금성처럼 빛날까요? 한여름이라 더
>
> 워서 짜증을 내니까 아빠가 "조금만 참아라. 지구는 1년에 한 번 태양 주위를 도는
>
> ☐ 을 하니까 곧 가을이 온 거다."라고 하셨죠? 가을에 또 별 보러 가요.

> 보기   ① 행성   ② 소행성   ③ 중력   ④ 지각   ⑤ 공전

2 사진과 아이들이 하는 말을 보고 빈칸에 알맞은 말을 쓰세요.

지구가 당기는 힘이
미치지 않는 곳인가?

사람도 물건도 공중에
둥둥 떠다니네.

☐ 이 없어서 그래.

3 속뜻짐작 선생님이 설명하는 말이 무엇인지 보기에서 찾아 ○ 하세요.

'화산' 하면
떠오르는 게 뭐지?
맞아. 불과
관련이 있어.

태평양

이것은 태평양 가장자리에 빙
둘러 있어. 마치 고리처럼 생겼지.
지각 활동이 활발해서 화산과
지진이 자주 일어나는 곳이야.

> 보기   불의 반지   절대 반지   물의 고리   불의 고리

태양계에는 지구를 포함해 모두 여덟 개의 행성이 있어요.
각 행성의 이름을 영어 단어로 알아볼까요?

Solar System

Saturn
Saturn은 '토성'이에요.
주위에 일곱 개의 거대한
위성 고리가 있어요.

Neptune
Neptune은 '해왕성'이에요.
태양계 행성 중 가장
바깥쪽에 있어요.

Mars
Mars는 '화성'이에요. 태양계에서
지구와 가장 많이 닮은 행성으로
물의 흔적이 발견되기도 했어요.

Uranus
Uranus는 '천왕성'이에요.
망원경으로 발견한
최초의 행성이에요.

3주 4일
학습 끝!

붙임 딱지 붙여요.

Venus
Venus는 '금성'이에요. 지구와
가장 가까운 행성이에요.

Sun
'태양계'는 Solar
system이라고 해요.
태양계의 중심에
있는 항성이 바로
'태양', Sun이에요.

Earth
Earth는 '지구'예요.
태양에서 세 번째 궤도를
돌고 있지요.

Jupiter
Jupiter는 '목성'이에요.
태양계에서 가장
큰 행성이에요.

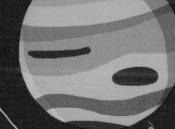

Mercury
Mercury는 '수성'이에요.
태양계에서 가장 작고, 태양과 가장
가까이에서 공전하는 행성이에요.

QR 찍고 발음 듣기

 # 재해(災害) 관련 말 찾기

1 빨간 망토 소녀가 할머니 집으로 심부름을 가고 있어요. 무사히 할머니 집까지 도착할 수 있도록 설명이 가리키는 낱말을 따라가 보세요.

103

지진, 태풍, 홍수나 전염병, 화재 등이 발생하면 사람들은 큰 피해를 입어요. 건물과 길이 무너지거나 많은 사람이 다치고 목숨을 잃지요. 이처럼 갑자기 크게 닥치는 피해를 재해라고 해요. 꼭 알아 두고 대비해야 하는 여러 재해 관련 낱말을 알아보아요.

자연재해
自(스스로 자) 然(그럴 연)
災(재앙 재) 害(해칠 해)

'재해'는 홍수, 가뭄, 전염병, 화재 등 뜻하지 않은 불행한 사고나 재앙(재앙 재, 災)으로 받는 피해(해칠 해, 害)를 말해요. 이 중 비바람, 지각의 움직임 같은 자연 현상 때문에 생기는 재해를 **자연재해**라고 해요. 자연재해에는 추위나 더위, 바람이나 눈 같은 날씨 때문에 생기는 기상 재해도 있고 지진이나 화산 폭발처럼 땅에서 일어나는 재해도 있어요. 자연재해가 일어나는 걸 막을 수 없어요. 하지만 댐을 쌓고, 나무를 많이 심으며 일기예보를 신속하게 하는 등의 노력으로 피해를 줄일 수는 있답니다.

지진
地(땅 지) 震(진동할/벼락 진)

지진은 땅(땅 지, 地)이 흔들려 움직인다(진동할/벼락 진, 震)는 뜻이에요. 땅속 깊은 곳에서 시작된 진동이 땅 위로 전해져 건물이 흔들리고 도로가 갈라지며 허술한 집들은 무너져 내리기도 해요. 얼마나 땅이 크게 흔들렸고 피해가 어느 정도인지 '진도'로 나타내 수습하지요. 지진은 세계 곳곳에서 일어나는데 지진이 자주 나는 지역을 세계 지도 위에 표시하면 띠(띠 대, 帶) 모양이 돼요. 그래서 이를 '지진대'라고 해요. 지진은 바닷속에서 일어나기도 하지요. 이때 바닷물(바다 해, 海)이 육지로 넘쳐(넘칠 일, 溢) 들어와 큰 피해를 주는데 이를 '지진 해일'이라고 해요.

화산 폭발
火(불 화) 山(산 산)
爆(터질 폭) 發(필 발)

큰 소리가 나는 **화산 폭발**은 땅속 마그마가 얇은 땅 표면이나 틈을 뚫고 솟구쳐 나오는 현상이에요. 이때 나온 마그마, 즉 용암은 산을 따라 흐르며 주변 생물을 태우고 화재를 일으켜요. 화산 가스와 화산재는 순식간에 멀리까지 퍼져 나가며 숨을 못 쉬게 하고, 하늘을 가리지요. 비교적 느리게 화산이 분출되는 경우도 있지만, 폭발하는 경우에는 순식간에 재해가 발생하기 때문에 피하기가 힘들어요. 그래서 여행을 가거나 할 때는 화산 폭발 우려 지역이 있는지 미리 잘 살피고 조심해서 다녀야 해요.

기상 재해

氣(기운 기) 象(코끼리 상)
災(재앙 재) 害(해칠 해)

'기상'은 바람이나 비, 눈, 구름, 기온 같은 대기 현상을 가리켜요. 그런데 비바람이 너무 세거나, 눈이 너무 많이 내리면 사람들의 생활이 불편해지고 목숨을 잃는 일도 생겨요. 이처럼 폭설, 태풍, 가뭄, 홍수 같은 기상 현상으로 인해 생기는 피해를 **기상 재해**라고 해요. 우리나라 일기예보를 담당하는 기상청에서는 기상 재해에 사람들이 잘 대처할 수 있도록 호우 주의보나 경보, 폭염 주의보, 미세먼지 주의보 같은 '기상 특보'를 알리고 있어요. 정도에 따라 때로는 '주의보'를, 좀 더 심할 때는 '경보'를 발표하지요.

방파제/ 방풍림

防(막을 방) 波(물결 파) 堤(둑 제)
風(바람 풍) 林(수풀 림/임)

자연재해로 인한 피해를 최대한 줄이기 위해 사람들은 둑을 쌓고 나무를 심어요. 돌과 시멘트로 항구 주변을 둘러싼 둑인 **방파제**는 거세게 밀려드는 파도를 막아 줘요. 덕분에 배가 무사히 항구에 닿고 사람들이 오르내릴 수 있지요. 밀물과 썰물이(조수 조, 潮) 있는 바닷가에서는 밀물이 육지로 넘치는 피해를 막기 위해 '방조제'를 쌓아요. 그리고 바닷가나 과수원, 농경지, 마을 주변에서 바람을 막기 위해 심은 나무는 **방풍림**이라고 해요.

방파제

방조제

방풍림

인재

人(사람 인) 災(재앙 재)

인재는 사람(사람 인, 人)의 잘못으로 일어난 재앙(재앙 재, 災)이에요. 마구잡이로 한 자연 개발이나 부실 공사, 무심코 버린 담배꽁초 등이 많은 사람의 목숨을 빼앗는 끔찍한 재해로 이어지기도 해요. 인재 중 많이 일어나는 것은 불 때문에 일어나는 '화재(불 화 火, 재앙 재 災)'예요. '환경 오염'은 자연 개발 때문에 자연이 파괴되거나 자동차 매연이나 공장에서 나오는 가스와 폐수 등의 오염 물질로 환경이 더럽혀지는 것을 말해요. '대형 사고'도 대표적인 인재로, 대중교통사고나 큰 건물이 무너져 많은 사람이 죽거나 다치는 등의 규모가 큰 사고를 말해요. 예전에는 자연재해가 많았지만 산업이 발달하면서부터는 인재로 인한 피해가 늘어나고 있어요.

1 밑줄 친 낱말이 문장과 어울리지 <u>않는</u> 것을 골라 보세요. (　　)

① 지난밤에 갑자기 땅이 흔들리고 갈라지는 **지진**이 일어났어요

② 마을 사람들이 바닷바람을 막기 위해 **방풍림**을 만들었어요.

③ 이곳은 오래전 **화산 폭발**로 파괴된 도시 유적이에요.

④ 홍수나 산사태 같은 **인재**에 어떻게 대비하면 좋을까요?

2 빈칸에 알맞은 낱말을 보기에서 찾아 쓰세요.

> 태풍 '우르르'가 다가온다는 소식에 ○○시는 파도를 막기 위해
> 새로 쌓은 [　　　　] 에 문제가 없는지 살펴보았습니다. 태풍
> 이나 지진처럼 자연 현상에 의해 일어나는 [　　　　] 는 사람
> 이 완벽히 막기 힘듭니다. 특히 우리나라는 날씨로 인한 재해인
> [　　　　] 가 자주 일어나므로 이에 철저히 대비해 피해를 줄이
> 는 것이 중요합니다.

보기

자연재해

방파제

기상 재해

3 속뜻 짐작 다음 빈칸에 공통으로 들어갈 낱말을 보기에서 찾아 ○ 하세요.

내일은 중국에서 날아드는
[　　]이/가 한반도를 덮치겠습니다.
외출할 때에는 반드시
마스크를 쓰셔야겠습니다.

휴, 내일은
하늘이 황토색이
되겠네요.

맞아. [　　]가
누런색의 모래라는
뜻이니까.

'누런색'과
'모래'라는
뜻으로 이루어진
낱말을 찾아봐.

보기　　태풍　　황사　　수해　　지진

지진, 화산 폭발, 산사태 등은 대표적인 자연재해라고 할 수 있어요.
자연재해와 관련된 영어 단어를 알아볼까요?

landslide

landslide는 '산사태'예요. '땅'이라는 뜻의 land와 '미끄러져 내리다'는 뜻의 slide가 합쳐진 말이지요. '산사태가 일어나 마을을 덮쳤다.'를 영어로 'The village was hit by a landslide.'라고 해요.

volcano

volcano는 '화산'이란 뜻이에요. 지금도 활동하고 있는 '활화산'은 active volcano, '화산섬'은 volcano island, '분화구'는 mouth of a volcano라고 해요.

3주 5일
학습 끝!

붙임 딱지 붙여요.

typhoon

typhoon은 '태풍'이란 뜻이에요. '태풍의 눈'은 typhoon eye, '태풍 경보'는 typhoon warning, 태풍이 지나가는 길인 '태풍 진로'는 track of a typhoon이라고 해요.

earthquake

earthquake는 '지진'이란 뜻이에요. 짧게 quake라고만 말하기도 해요. '약한 지진'은 slight earthquake, '강진'은 big earthquake라고 하지요. 지진이 발생한 지점이란 뜻의 '진원지'는 earthquake center라고 해요.

QR 찍고 발음 듣기

핵심만 곧바로 말하는 '단도직입'

이건 무슨 돈인가요?

후후! 단도직입적으로 말하죠.

단…도…뭐?

'단도직입'이란 칼 한 자루를 들고 적진으로 곧장 간다는 말이랍니다.

뜸 들이지 않고 하고 싶은 말을 바로 한다는 거죠.

그럼 다시 원점으로 돌아와서

단도직입(홑 단 單, 칼 도 刀, 곧을 직 直, 들 입 入):
혼자서 칼을 들고 곧장 적진으로 쳐들어간다는 말로, 하고 싶은 말을 단번에 하는 거예요.

토잉이와 함께
끝까지 해 보자고!

PART 3

PART3에서는 소리나 뜻이 비슷해서
헷갈리기 쉬운 낱말들을 비교하며 배워요.

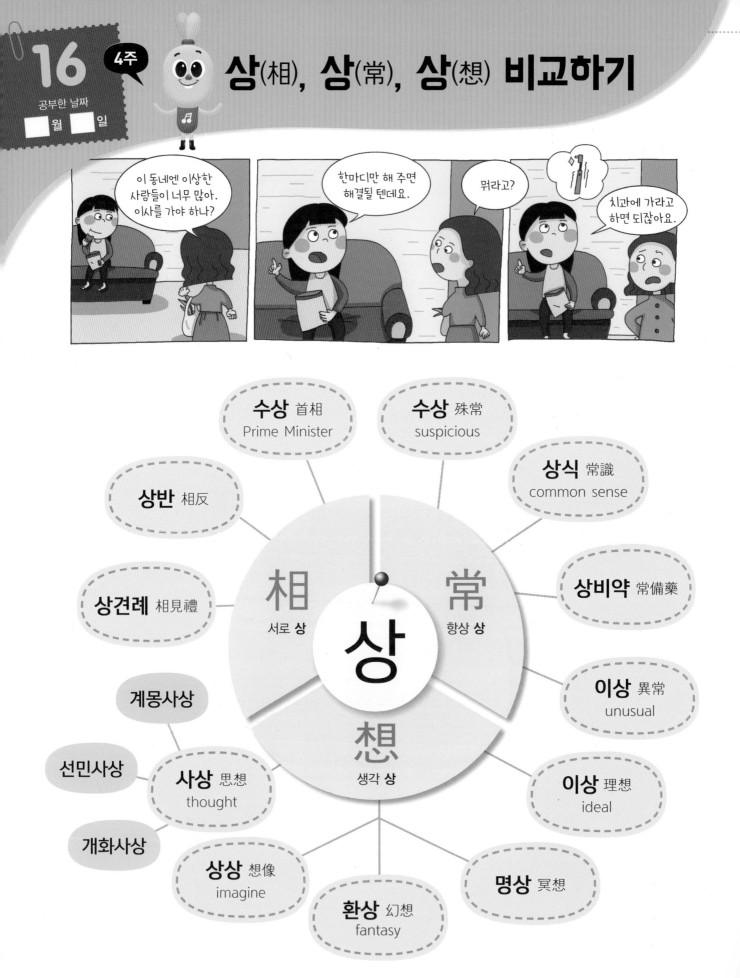

상(相), 상(常), 상(想) 비교하기

1 밑줄 친 글자의 뜻을 **보기**에서 골라 빈칸에 번호를 써 보세요.

상대방의 의견이 자신과 **상**반돼도 존중하자. ⬜

김옥균은 조선 고종 때의 개화 사**상**가였어. ⬜

열대 지방에 눈이 왔다니 정말 이**상**해. ⬜

밥을 먹고 후식까지 먹다니 이**상**적이야. ⬜

수**상**한 사람이 나타나면 나에게 전화해. ⬜

보기
① 항상
② 서로
③ 생각

2 밑줄 친 낱말의 뜻을 찾아 선으로 연결해 주세요.

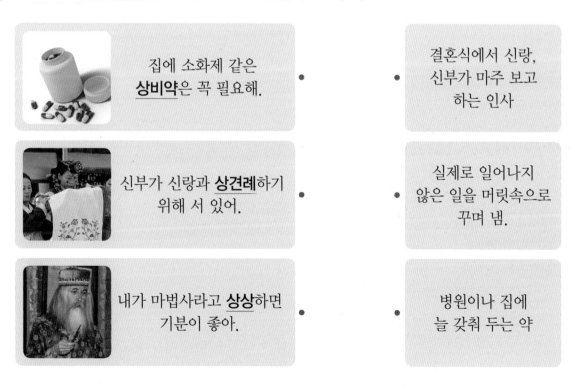

집에 소화제 같은 **상비약**은 꼭 필요해.

신부가 신랑과 **상견례**하기 위해 서 있어.

내가 마법사라고 **상상**하면 기분이 좋아.

결혼식에서 신랑, 신부가 마주 보고 하는 인사

실제로 일어나지 않은 일을 머릿속으로 꾸며 냄.

병원이나 집에 늘 갖춰 두는 약

수상 vs 수상
首(머리 수) 相(서로 상)
殊(다를 수) 常(항상 상)

'서로 상(相)' 자가 들어간 **수상**은 의원 내각제의 우두머리인(머리 수, 首) 총리예요. '항상 상(常)' 자가 붙은 **수상**은 보통 때와 다르게(다를 수, 殊) 의심스럽고 이상하다는 뜻이고요. '요즘 자주 학원 빠지는 게 좀 수상한걸?' 처럼 쓸 수 있어요.

이상 vs 이상
異(다를 이/리) 常(항상 상)
理(다스릴 리/이) 想(생각 상)

'항상 상(常)' 자가 들어간 **이상**은 쭉 그래 왔던 것과 다르다(다를 이/리, 異)는 뜻으로 '네가 짜증 내니까 이상해.'처럼 써요. 상대어로는 '정상'이 있어요. '생각 상(想)' 자가 들어간 **이상**은 이보다 더 좋을 수는 없다고 생각하는 거예요. '축구하기에 이상적인 날씨야.'처럼 써요.

상식
常(항상 상) 識(알 식)

상식은 신호등 지키기, 선생님께 인사하기를 비롯해 뉴스와 관련된 시사 지식까지 매일(항상 상, 常) 살아가는 데 필요한 지식(알 식, 識)이에요. 반대로 상식이 없는 것은 '빠질 몰(沒)' 자를 붙여 '몰상식'이라고 해요.

상비약
常(항상 상) 備(갖출 비) 藥(약 약)

상비는 항상(항상 상, 常) 갖춰 둔다(갖출 비, 備)는 뜻으로, 여기에 '약 약(藥)' 자를 붙인 **상비약**은 소화제나 진통제처럼 언제든지 쓸 수 있게 준비해 두는 약을 말해요.

상상 / 환상
想(생각 상) 像(형상 상)
幻(허깨비 환)

상상은 겪어 보지도 않고, 보이지도 않는 걸 마음속으로 그려 보는 거예요. **환상**은 있을 수 없는 일을 사실인 양 생각하는 거고요. '노래를 잘한다는 환상'처럼 써요. '명상'은 조용히 눈 감고 깊이 생각하는 거예요.

사상
思(생각 사) 想(생각 상)

사상은 생각 혹은 옳다고 내세우는 이론이에요. '계몽사상'은 어리석은 사람을 깨치게 해 발전을 꾀하려는 사상이고, '선민사상'은 자신들을 선택받은 사람들이라 여기며 우월감을 갖는 생각이에요. '개화사상'은 낡은 제도 대신 외국의 발전된 제도를 받아들여 사회를 바꾸려는 사상을 말해요.

상견례
相(서로 상) 見(볼 견)
禮(예도 례/예)

상견례는 서로(서로 상, 相) 만나 보는(볼 견, 見) 예법(예도 례/예, 禮)이란 뜻으로, 결혼식 때 신랑, 신부가 서로 마주 보고 하는 절을 말해요. 지금은 처음 만나서 하는 인사라는 뜻으로 많이 쓰이는데, 주로 결혼하기 전에 신랑과 신부 가족들이 만나서 인사를 나누는 일을 가리켜요.

상반
相(서로 상) 反(돌이킬 반)

상반은 '엄마와 아빠는 상반된 성격이다.'처럼 서로 반대되거나 어긋나는 것을 말해요. 반대로 서로 어긋나지 않고 꼭 맞는 것은 '일치(한 일 一, 이를 치 致)한다'고 해요.

우리나라의 전통 사상

우리 민족은 예로부터 부모님께 효도하고, 어려운 상황에 처한 사람을 도와주며, 생명을 소중히 해야 한다는 전통 사상을 갖고 있었어요. 언제부터 이런 생각을 하게 되었을까요? 불교와 유교, 도교가 들어온 때를 더듬어 보면 알 수 있어요. 우리 전통 사상은 불교와 유교, 도교의 영향을 많이 받았거든요.

불교는 중국을 거쳐 고구려 소수림왕 때 우리나라에 처음 들어왔어요. 남을 가엾게 여기는 마음인 자비를 중시하고, 욕심을 버릴 것을 강조하던 불교는 이후 고려 때에 더욱 번창했지요. 하지만 고려 말기에 이르자 불교가 타락하고 사회가 점차 어지러워지기 시작했어요. 이에 맞서 일부 젊은 선비들은 중국에서 유래된 유교를 따르자고 주장했어요. 고려 말의 젊은 선비들이 앞장서서 건국된 조선에서는 충성과 효도를 중시하는 유교를 중심의 정책이 펼쳐졌지요.

삼국 시대에 중국으로부터 들어온 도교는 사람들 생각에 큰 영향을 주었어요. 많은 사람들이 자연의 순리대로 사는 신선, 옥황상제, 선녀가 있다고 믿으며 복을 빌었지요. 고구려 벽화의 신선도와 동서남북을 지키는 상상의 동물(청룡, 백호, 주작, 현무)이 그려진 사신도는 우리 민족이 도교를 숭상했음을 보여 주고 있답니다.

〈우리 생활 속 불교, 유교, 도교의 모습〉

불교

매년 연말 밤에 서울 보신각 종을 33번 치는 행사가 열려요. 불교의 이상적인 곳인 33개 하늘에 담긴 의미를 되살리는 것이지요.

유교

자손들이 정성스럽게 음식을 차려 놓고 돌아가신 조상들에게 절을 함으로써 예와 효를 표시해요.

도교

옥황상제를 비롯해 옛이야기에 많이 나오는 선녀, 신선, 도사 등은 모두 도교에서 비롯된 인물들이에요.

1 빈칸에 들어갈 낱말을 바르게 짝지은 것을 골라 보세요. (　　　)

○월 ○일 토요일 날씨: 맑음

오늘 이모가 결혼하기 전 신랑 가족과 만나는 ［ ㉮ ］이/가 있었다. 엄마가 나는 안 가도 된다고 했지만 나는 기어코 따라갔다. 엄마는 중요한 자리니까 방해하지 말고 조용히 음식만 먹으라고 말했다. 그래서 그 정도의 ［ ㉯ ］은/는 나도 있다고 말했다. 음식은 내가 ［ ㉰ ］한 것보다 훨씬 맛있었다. 나중에 배가 아프긴 했지만 엄마가 ［ ㉱ ］(으)로 준비해 둔 소화제를 먹고 금방 나았다.

① ㉮수상, ㉯명상, ㉰상견례, ㉱상비약　　② ㉮상견례, ㉯상식, ㉰상상, ㉱상비약

③ ㉮상견례, ㉯상상, ㉰상반, ㉱상비약　　④ ㉮사상, ㉯환상, ㉰상식, ㉱상견례

2 빈칸에 공통으로 들어갈 낱말을 초성을 참고로 써 보세요.

질문 안녕하세요. 우리 집 컴퓨터가 ｜ㅇ｜ㅅ｜해요.
컴퓨터가 갑자기 느려졌고 ｜ㅇ｜ㅅ｜한 파일이
자꾸 뜹니다.

답 바이러스나 악성 코드에 감염된 것 같습니다.
복구 툴로 복구하고 안 되면 운영 체제를 다시
설치해야 합니다.

3 속뜻 짐작 밑줄 친 낱말의 뜻을 찾은 후 가장 관련 있는 한자와 선으로 이어 주세요.

너랑은 **상관**없는 일이야.	평상시 바깥 온도	생각 상(想)
내 **예상**을 깨고 청팀이 이겼어.	서로 관련이 있음.	서로 상(相)
통조림은 **상온**에서 보관해도 돼.	미리 생각함.	항상 상(常)

사신도에는 상상 속 동물인 청룡, 백호, 주작, 현무가 그려져 있어요.
상상 속 동물과 관련된 영어 단어를 알아볼까요?

dragon

dragon은 서양 신화에 나오는 '드래곤', '용'을 뜻해요. 동양의 용이 뱀처럼 긴 몸에 다리를 가진 데 비해 서양의 용은 몸집이 큰 편이고, 박쥐 날개처럼 생긴 날개가 있으며, 입에서 불을 뿜어요.

unicorn

unicorn은 '일각수'예요. 이마에 뿔이 하나 있고, 영양의 발과 사자 꼬리를 가진, 말처럼 생긴 아름다운 동물이에요. 뿔이 달린 돌고래인 '일각고래'는 unicorn whale이라고 해요.

4주 1일
학습 끝!

붙임 딱지 붙여요.

sphinx

sphinx는 '스핑크스'예요. 이집트 왕 파라오의 무덤인 피라미드를 지키는 괴물로 머리는 사람, 몸은 사자예요. 그리스 신화에 나오는 스핑크스는 여자의 얼굴과 가슴, 사자의 몸과 독수리 날개를 갖고 있어요. 사람에게 수수께끼를 내서 틀리면 잡아먹었지요. 그래서 sphinx는 '수수께끼 같은 사람'이라는 뜻으로도 쓰인답니다.

phoenix

phoenix는 '불사조'예요. 불사조는 죽지 않는 새라는 뜻으로, 이집트 신화에 나와요. 몸집은 독수리만 하고, 주홍색과 황금빛의 깃털을 가지고 있으며, 우는 소리가 마치 음악 소리 같다고 해요. 우리나라의 봉황과 비슷하다고 할 수 있어요.

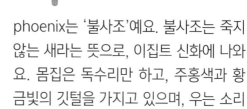

QR 찍고 발음 듣기

주(主), 주(住), 주(周) 비교하기

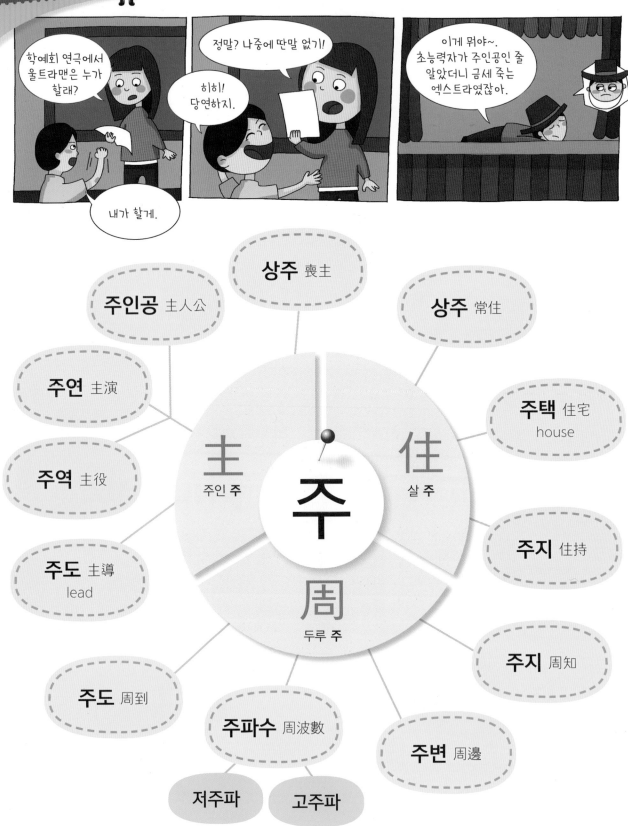

1 밑줄 친 낱말의 '주'가 어떤 뜻인지 바른 뜻이 담긴 풍선 안에 번호를 써 보세요.

 ① 학급 회장이 청소를 **주도**적으로 하고 있어요.

 ② 미세먼지가 몸에 해롭다는 건 **주지**의 사실이에요.

 ③ 이모는 벌써 3년째 부산에 **상주**하고 있어요.

 ④ 할머니 댁은 마당이 넓은 단독 **주택**이에요.

 ⑤ 라디오는 방송국마다 **주파수**가 달라요.

 ⑥ 절에는 절에 살며 절을 살피는 **주지** 스님이 있어요.

 ⑦ 할머니가 돌아가셨을 때, 아빠가 장례식의 **상주**였어요.

 ⑧ 수업이 끝나면 우리는 책상 **주변**을 깨끗하게 치워요.

 ⑨ 이번 연극에서 내가 **주인공**을 맡았어요.

 ⑩ 여행 계획은 빈틈없이 용의**주도**하게 짜야 해요.

 주인

살다

두루

상주 vs 상주
喪(초상/잃을 상) 主(주인 주)
常(항상 상) 住(살 주)

'주인 주(主)' 자를 붙인 **상주**는 죽은 가족이나 친척의 빈소를 지키며 장례식의 중심이 되는 사람이에요. '살 주(住)' 자가 붙은 **상주**는 어딘가에 항상 살고 있다는 뜻이지요.

주도 vs 주도
主(주인 주) 導(인도할 도)
周(두루 주) 到(이를 도)

'조장의 주도로 조사 중이야.' 할 때의 **주도**는 주인처럼(주인 주, 主) 모임이나 일을 책임지고 이끌어 나간다는 뜻이에요. 어떤 일을 두루(두루 주, 周) 보살피고 철저히(이를 도, 到) 챙기는 것도 **주도**라고 하지요. 흔히 '용의주도하다' 또는 '주도면밀하다'라고 써요.

주지 vs 주지
周(두루 주) 知(알 지)
住(살 주) 持(가질 지)

'편식이 몸에 좋지 않다는 것은 주지의 사실이야.'에서 **주지**는 많은 사람이 두루 알고 있다는 뜻이에요. '살 주(住)' 자가 들어간 **주지**는 절이 잘 유지되도록 책임지고 관리하는 스님을 말해요.

주택
住(살 주) 宅(집 택)

주택은 사람이 사는(살 주, 住) 집(집 택, 宅)이에요. 한 채씩 따로 지은 '단독 주택'을 줄여서 주택이라고 하기도 해요. 비슷한말로 '가옥'(집 가 家, 집 옥 屋)이 있어요. 주택이 많이 모여 있는 거리는(거리 가, 街) '주택가'라고 해요.

주변
周(두루 주) 邊(가 변)

'시청 주변 맛집'은 시청 가까이에 있는 맛있는 음식점이에요. 이처럼 **주변**은 어떤 장소나 물건의 가까운 둘레, 가장자리를 뜻해요. 비슷한말로 '둘레 위(圍)' 자를 붙인 '주위'가 있어요. 고유어로는 '언저리', '가장자리'라고 해요. 반대로 어떤 장소나 사물의 가운데는 '중심(가운데 중 中, 마음 심 心)'이라고 해요.

주파수
周(두루 주) 波(물결 파) 數(셈 수)

주파수는 전파나 음파가 1초 동안에 진동하는 횟수예요. 주파수가 높은 파동이나 전파를 '높을 고(高)' 자를 써서 '고주파'라 하고, 반대로 주파수가 낮은 파동이나 전파는 '낮을 저(低)' 자를 써서 '저주파'라고 해요.

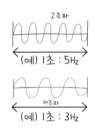

고주파
← (예) 1초 : 5Hz →

저주파
← (예) 1초 : 3Hz →

주인공 / 주연
主(주인 주) 人(사람 인)
公(공평할 공) 演(펼/멀리 흐를 연)

주인공은 연극이나 영화, 동화 등에 등장하는 중심인물이에요. 비슷한말로 '펼/멀리 흐를 연(演)' 자를 붙인 **주연**과 '부릴 역(役)' 자를 붙인 주역이 있어요. '주역'은 주인공이라는 뜻 외에 '월드컵 승리의 주역'처럼 어떤 일에서 주된 역할을 한 사람을 가리킬 때도 써요.

지방마다 다른 집 모양

우리나라는 지역에 따라 기온 차이가 커요. 남부 지방은 더운 편이고 북부는 매우 추워요. 각 지방의 우리 조상들은 날씨에 맞춰 지혜롭게 한옥 주택을 지었어요. 남부에서는 바람이 잘 통하도록 방과 마루, 부엌을 'ㅡ' 자로 이어 지었어요. 북부에서는 바람이 들지 않고 집 안의 온기가 빠져나가지 않도록 방과 부엌 등을 오밀조밀 붙여 'ㅁ' 자나 '田' 자를 닮은 집을 지었지요. 방과 부엌 사이에는 바람이 잘 통하는 마루 대신 온돌이 깔린 따뜻한 정주간이라는 공간을 두었어요. 중부 지방에서는 반은 열리고 반은 닫힌 'ㄱ' 자 모양으로 방과 부엌, 마루를 이어서 집을 지었어요. 그럼 개성 있는 각 지방의 한옥 모양을 그림으로 좀 더 살펴볼까요?

〈지방별 한옥 모양〉

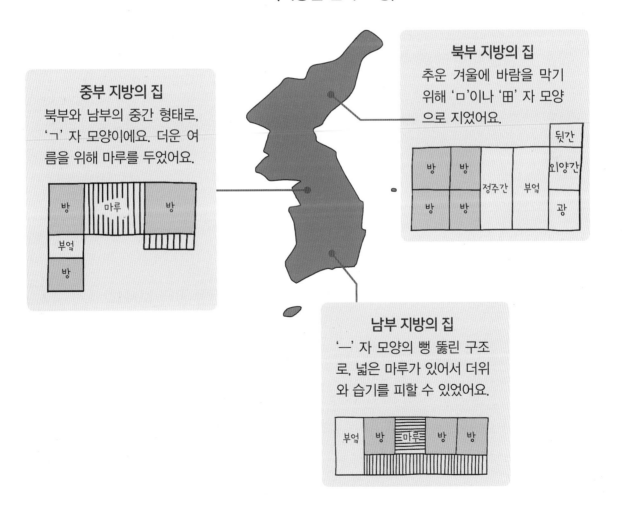

중부 지방의 집
북부와 남부의 중간 형태로, 'ㄱ' 자 모양이에요. 더운 여름을 위해 마루를 두었어요.

북부 지방의 집
추운 겨울에 바람을 막기 위해 'ㅁ'이나 '田' 자 모양으로 지었어요.

남부 지방의 집
'ㅡ' 자 모양의 뻥 뚫린 구조로, 넓은 마루가 있어서 더위와 습기를 피할 수 있었어요.

121

1 밑줄 친 낱말에 대해 바르게 설명한 친구를 찾아 이름에 ○ 하세요.

> • 장례식장에서 삼촌이 **상주**와 맞절을 하셨어.
> • 백설공주 이야기의 **주인공**이 누군지 알지?
> • 일제 강점기에 유관순은 만세 운동을 **주도**하다 체포되었어.

모두 '주인'이란 뜻을 지니고 있어

아니야, 모두 '살다'란 뜻이 담겨 있어.

천만에. '두루'란 뜻이 담겨 있다고!

지호   수진   호영

2 밑줄 친 낱말과 바꿔 쓸 수 있는 낱말을 보기 에서 찾아 빈칸에 써 보세요.

부모님은 예쁜 꽃밭이 있는 아담한 **집**에서 살고 싶어 하세요.

길고양이가 내 **언저리**를 계속 맴돌았어요.

보기
주변
주지
주택

3 속뜻짐작 밑줄 친 낱말이 보기 와 다른 뜻으로 쓰인 문장을 골라 보세요. (   )

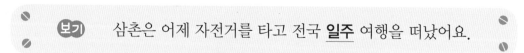

> 보기   삼촌은 어제 자전거를 타고 전국 **일주** 여행을 떠났어요.

① 그 기계가 좋은지 알려면 **일주** 정도는 써 봐야 해요.

② 요즘 〈동네 노래방〉 팀이 전국 **일주** 노래 대회를 열고 있어요.

③ 우리 도시를 걸어서 **일주**하는 데 하루밖에 안 걸렸어요.

④ 오늘 작가 쥘 베른이 쓴 〈80일간의 세계 **일주**〉를 읽었어요.

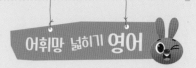

집에는 아파트, 단독 주택, 연립 주택 등 여러 종류가 있어요.
각양각색의 집을 영어로 알아볼까요?

townhouse

townhouse는 '집합 주택'을 뜻하는데, 주로 '타운하우스'라고 불러요. 2~3층짜리 단독 주택이 두 개 이상 붙어 있는 집이에요. 지하에서 지상 2, 3층까지를 한 집이 사용해요.

apartment

apartment는 '아파트'를 뜻해요. 큰 건물에 여러 집이 사는 공동 주택이지요. apartment building이라고도 해요. '아파트 단지'는 apartment complex예요. '나는 아파트에 산다.' 라고 할 때는 'I live in an apartment.' 라고 말하면 돼요.

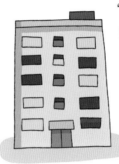

4주 2일
학습 끝!

붙임 딱지 붙여요.

villa

villa는 우리나라에서는 '연립 주택', '공동 주택'이란 뜻으로 쓰이지만, 본래는 '별장', '대저택'이란 뜻이에요. villa는 라틴어에서 유래한 말로, '마을'을 뜻하는 village가 villa에서 비롯되었다고 해요.

studio

studio는 방송국의 '스튜디오', '작업실'이란 뜻으로 많이 쓰이지만, 우리나라의 '원룸'을 가리키는 말이기도 해요. 방이나 부엌의 구분 없이 탁 트인 집을 뜻하는 것으로, 크기가 아파트보다 작은 공동 주택의 한 칸을 일컬어요. studio apartment가 정확한 표현이에요.

QR 찍고 발음 듣기

주의
主(주인 주) 義(옳을 의)

> 나는 아침에 일어나자마자 이를 닦자는 **주의**야.
> 우리나라는 자유 민주**주의** 국가다.

'나는 언제나 정직하게 살자는 주의야.'처럼 어떤 일을 할 때 스스로 굳게 지키기로 한 행동 원칙이나 평소 자신이 믿는 생각을 **주의**라고 해요. 또한 민주주의나 사실주의에서처럼 어떤 생각을 체계 있게 정리한 것도 '주의'라고 해요. 민주주의는 국민이(백성 민, 民) 나라의 주인(주인 주, 主)이라는 생각을 정리한 거고, 사실주의는 글을 쓰거나 그림을 그릴 때 있는 사실대로 나타내자는 생각을 정리한 거예요.

주의
注(물 댈 주) 意(뜻 의)

> 바닥이 미끄러우니 **주의**하세요.
> 이 내용은 매우 중요하니 **주의**를 기울여 주세요.

페인트칠한 의자에 '칠 주의'라고 써 붙여 놓은 것을 본 적이 있나요? 이때 **주의**는 정신을 차리고 조심하는 거예요. '아니 불/부(不)' 자를 붙여 '부주의'라고 하면 반대로 조심하지 못한다는 뜻이 돼요. '확성기로 사람들의 주의를 끌면 돼.'처럼 쓸 때 '주의'는 한 가지 일에 집중한다는 뜻이지요. 이 외에 '편식한다고 엄마에게 주의를 들었어요.'처럼 경고를 주거나 꾸짖으며 가르쳐 알게 한다는 뜻도 있답니다.

성인
成(이룰 성) 人(사람 인)

성인은 자기가 선택한 것에 책임을 져야 한다.
어릴 적 친구를 성인이 되어 다시 만났다.

몸이 다 자란(이룰 성, 成) 사람을 **성인**이라고 해요. 예전 우리나라는 결혼을 하면 성인으로 인정했지만, 지금은 만 19세 이상이 되면 성인이라고 해요. '성인'을 어른이라고 하거나 '큰 대(大)' 자를 붙여 '대인'이라고도 하는데 '대인'은 주로 극장이나 놀이공원처럼 입장료를 내야 하는 곳에서 쓰여요. 반대로 아직(아닐 미, 未) 성인이 안 된 사람은 '미성년자'라고 한답니다.

성인
聖(성스러울 성) 人(사람 인)

우리 할머니는 성인처럼 덕이 많고 지혜로워.
세계에는 4대 성인이 있다.

성스러운(성스러울 성, 聖) 사람(사람 인, 人)이란 뜻의 **성인**은 지혜와 덕이 아주 훌륭해서 배울 만한 점이 많은 사람이에요. 석가와 예수, 고대 그리스 철학자인 소크라테스와 중국의 공자를 세계 4대 성인이라고 하지요. 네 사람 모두 전 세계 사람들로부터 깊은 존경을 받았고, 지금도 그들의 가르침은 수많은 사람에게 영향을 끼치고 있어요. 가톨릭에서는 일정한 의식을 통해 신에 대한 믿음과 덕이 뛰어난 사람을 성인으로 선포하기도 해요.

소리가 같은 말을 잘 들어 봐!

게시판

<자원봉사 안내문>
☆☆ 아파트 경로잔치
합창단
"자원을 기다립니다"

흠, 자원?

우리 몽구, 합창단에 자원하고 싶니?

네?

합창단 자원으로 낼게요.

경로당

합창단 자원은 그 자원이 아닌데……

자원
自(스스로 자) 願(원할 원)

많은 백성들이 의병에 **자원**했다.
마을 하천 휴지 줍기 행사에 **자원**했다.

'스스로 자(自)' 자와 '원할 원(願)' 자가 합쳐진 **자원**은 어떤 일을 스스로 하려고 나서는 것을 말해요. 누군가 명령해서 하거나, 꼭 해야만 하는 의무여서 하는 것이 아니라 자신이 스스로 결정해서 행동할 때 쓰는 말이에요. '군대에 자원하다', '연탄 나르기 캠페인에 자원하다'처럼 쓸 수 있어요. 도움이 필요한 사람들에게 돈을 받지 않고 스스로 나서서 도와주는 것을 '자원봉사'라고 하지요.

자원
資(재물 자) 源(근원 원)

우리나라는 광물 **자원**이 부족해요.
이젠 새로운 에너지 **자원**을 개발해야 해요.

석탄, 석유처럼 사람이 살아가는 데 도움이 되고 여러 가지 물건을(재물 자, 資) 만드는 데 쓰이는 재료(근원 원, 源)를 **자원**이라고 해요. 석유나 석탄처럼 땅에서 캐내는 자원은 '광물 자원', 산에서 나는 목재, 숯 같은 자원은 '산림 자원', 바다에서 나는 생선, 소금 같은 자원은 '수산 자원'이라고 하지요. 이 외에도 비슷한말로 물자(물건 물 物, 재물 자 資)가 있어요. 사람이 가진 기술이나 힘도 자원에 속해요. 이를 '인적 자원'이라고 해요.

126

정원
定(정할 정) 員(인원 원)

미술반 **정원**이 차지 않아 추가 모집합니다.
비행기나 유람선은 **정원**을 꼭 지킵시다.

엘리베이터에서 '정원이 초과되었습니다.'하는 경보음을 들어 본 적이 있지요? 이 때 **정원**은 정해진(정할 정, 定) 인원(인원 원, 員)이란 뜻이에요. 어떤 공간에 들어갈 때 정해진 사람 수를 말하지요. 정해진 인원수보다 많으면 '정원 초과', 정해진 인원수보다 적으면 '정원 미달'이라고 해요. 비행기나 배, 승용차, 기차, 고속버스 등은 정원을 엄격히 지키도록 되어 있어요. 정원을 초과하면 사고가 날 수 있기 때문에요.

정원
庭(뜰 정) 園(동산 원)

엄마가 **정원**에 장미를 심었다.
할머니 댁 **정원**에는 오래된 소나무가 있다.

집에 있는 꽃밭이나 뜰을 **정원**이라고 해요. 꽃이나 과일 나무, 채소 등을 심어 집을 아름답게 꾸미는 곳이지요. 정원을 만든 장소나 재료, 방식에 따라 이름이 아주 다양해요. 사람이 사는 실내에 만든 정원은 '실내 정원', 건물 옥상에 만든 정원은 '옥상 정원'이라고 해요. 돌이나 바위 위주로 꾸민 정원은 '암석정원'이라고 하지요. 또한 프랑스에서 비롯된, 드넓은 평지에 도형 모양으로 만드는 '프랑스식 정원'도 있어요.

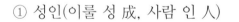

1 밑줄 친 낱말의 뜻이 나머지 셋과 <u>다른</u> 것을 골라 보세요. (　　)

① 누군가 우리 집 담에 '영미=맹견, 맹견 **주의**'라고 낙서를 해 놓았다.

② 이 박물관에서는 꼭 지켜야 하는 **주의** 사항이 있습니다.

③ 가을철 야외에서는 각별히 진드기를 **주의**해야 합니다.

④ 나는 연습도 실전처럼 최선을 다한다는 **주의**야.

2 빈칸에 알맞은 낱말을 골라 번호를 쓰세요.

어제 　 이 됨.

　 이 되려면 9년 더 기다려야 해요.

나, 소크라테스

지혜와 덕이 높은 　 도 제 식구들을 먹여 살리지 못하면 바가지를 긁힙니다.

① 성인(이룰 성 成, 사람 인 人)　　　② 성인(성스러울 성 聖, 사람 인 人)

3 밑줄 친 낱말 뜻에 해당하는 설명을 보기 에서 찾아 기호를 빈칸에 쓰세요.

① 마을 축제 손님 안내하는 일에 **자원**했어요. (　　)
② 우리나라는 에너지 **자원** 개발에 많은 투자를 하고 있어요. (　　)

> 보기
> ㉠ 어떤 일을 스스로 하려고 나서는 것
> ㉡ 사람들의 생활과 물건을 만들 때 필요한 광물, 산림, 수산물, 또는 노동력과 기술 등을 일컫는 말

4 밑줄 친 낱말의 뜻을 찾아 선으로 이어 주세요.

〈비밀의 **정원**〉이 관광객들로 만원이라고 한다. •

여행 상품의 신청자가 **정원**을 초과했다. •

• 규칙에 따라 정한 인원

• 집에 가꾸어 놓은 꽃밭이나 뜰

5 다음 설명이 가리키는 낱말을 따라가며 미로를 빠져나가 보세요.

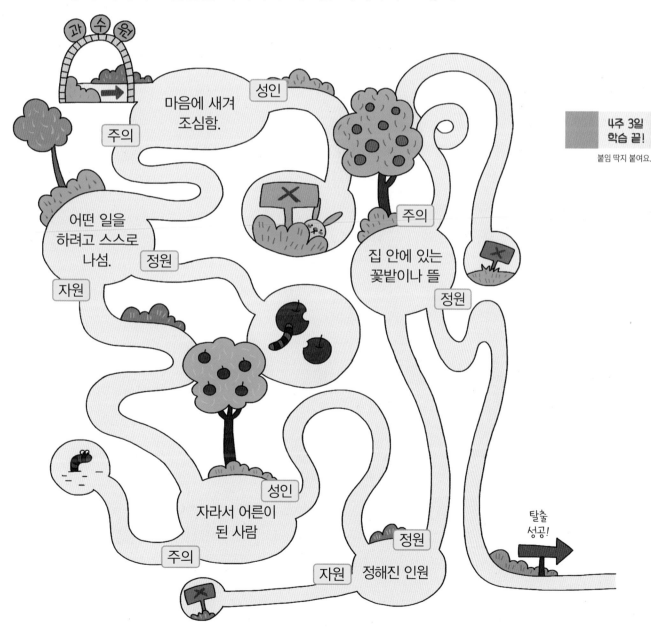

과 수 원

마음에 새겨 조심함.

성인

주의

어떤 일을 하려고 스스로 나섬.

정원

자원

주의

집 안에 있는 꽃밭이나 뜰

정원

성인

자라서 어른이 된 사람

주의

정원

자원

정해진 인원

탈출 성공!

4주 3일 학습 끝!

붙임 딱지 붙여요.

129

헷갈리는 말 살피기

결재
決(결단할 결) 裁(옷 마를 재)

김 대리가 부장님께 **결재** 서류를 올렸다.
회장님이 **결재** 서류에 서명을 했다.

결재는 어떤 일을 결정할 권한이 있는 윗사람이 부하가 낸 의견이나 계획을 허가하는 것을 말해요. 이때의 '재(裁)' 자는 '결정하다'라는 뜻으로 쓰여요. 윗사람의 허가를 받기 위해 부하가 내는 문서를 '결재 서류'라고 하고, 결재할 때 서명을 하거나 도장을 찍도록 만들어진 칸은 '결재란'이라고 해요. 결재 서류를 종이로 올리지 않고 컴퓨터를 이용해서 전자 서류를 올리고 결재하는 것은 '전자 결재'라고 한답니다. 결재와 비슷한말로는 '옳을 가(可)' 자가 들어간 '재가'가 있어요.

결제
決(결단할 결) 濟(건널 제)

휴대 전화 요금이 자동 **결제**되었다.
신용 카드로 **결제**할게요.

결제는 물건을 사고팔 때 돈을 주고받는 거예요. '밥값을 카드로 결제하다', '보험 대금이 자동 결제되다.'처럼 쓸 수 있어요. 만약 윗사람에게 '결재'를 '결제'해 달라고 잘못 적거나 말하면 어떻게 될까요? '결제'해 달라는 것은 돈을 내달라는 거라서 상대방이 깜짝 놀랄 거예요. 그러니까 '결재'와 '결제'를 잘 구별하는 연습을 하고 내일의 준비물 값을 결제해 달라고 부모님께 말씀 드려 볼까요?

1 빈칸에 알맞은 낱말을 **보기**에서 찾아 쓰세요.

① 엄마가 음식값을 신용 카드로 [   ] 했다.

② 요즘에는 전자 서명으로 [   ] 하는 회사가 많다.

> **보기**　결제　　　결재

2 그림을 보고 (　　) 안에 알맞은 낱말을 골라 ○ 하세요.

화장실 사용에 대한 계획서를 만들어 아빠에게 (결제 / 결재)해 달라고 했어요.

3 다음 설명에 해당하는 낱말이 쓰인 문장을 골라 보세요. (　　)

> 물건을 사고팔 때 필요한 돈을 주고받아 일을 끝내는 것

① 요즘엔 현금 **결제**보다 카드 **결제**하는 곳이 많아졌다.

② 날이 갈수록 사장님 책상에 **결재**해야 할 서류가 쌓여 간다.

조종
操(잡을 조) 縱(세로 종)

나는 무선 **조종** 자동차를 좋아해.

남을 자기 마음대로 **조종**하려고 하면 안 돼.

조종은 자동차나 비행기, 배 같은 기계를 다루어 작동하는 거예요. 비행기를 조종하는 사람은 '선비 사(士)' 자를 붙여 '조종사'라 하고, 조종사가 비행하기 위해 앉는 자리는 '자리 석(席)' 자를 붙여 '조종석'이라고 하지요. '조종'은 또 어떤 사람을 자기 마음대로 부린다는 뜻도 있어요. '동생을 내가 하고 싶은 대로 조종하면 안 돼.'처럼 쓸 수 있어요.

조정
調(고를 조) 整(가지런할 정)

방송 시간이 다음 달부터 **조정**된대.

행사 때문에 수업 시간이 **조정**되어 일찍 끝났어.

조정은 알맞게(고를 조, 調) 정돈하는(가지런할 정, 整) 것을 말해요. '줄넘기 줄 길이를 조정했어.', '약속 시간을 조정하자.'처럼 쓰지요. 비슷한말로는 '조절'이 있어요. '조정'에는 옛날 임금과 신하들이 나랏일을 의논하던 곳인 '조정'(아침 조 朝, 조정 정 廷)과 '의견 조정'에서처럼 생각이 다른 사람들을 화해시키는 일을 뜻하는 '조정'(고를 조 調, 머무를 정 停)도 있어요.

1 다음 빈칸에 공통으로 들어가는 낱말을 골라 색칠해 보세요.

조정   조종

2 다음 설명에 알맞은 낱말을 선으로 연결해 주세요.

어떤 상황에 알맞게
정돈하는 것

비행기나 배 같은
기계를 다루어 작동하는 것

조종

조정

3 보기의 밑줄 친 낱말과 같은 뜻으로 사용된 문장을 골라 보세요. (   )

> 보기 비 때문에 늦게 도착하는 사람이 많아서 출발 시각을 **조정**했습니다.

① 조선 **조정**에서는 이순신 장군을 삼도 수군통제사로 임명했습니다.

② 많은 사람들이 구조 **조정**으로 일자리를 잃었습니다.

사태
事(일 사) 態(모양 태)

> 학교에서 폭력 **사태**가 일어나면 안 돼.
> 생각보다 **사태**가 심각해서 걱정이야.

사태는 일(일 사, 事)이 되어 가는 모양(모양 태, 態)이란 뜻이에요. 벌어진 일의 상태나 형편을 말하지요. '사태를 바로 잡다', '폭력 사태'처럼 써요. '사태'와 소리는 같지만 뜻이 다른 말로 '산사태', '눈사태'의 '사태'(모래 사 沙, 일/씻을 태 汰)가 있어요. 높은 곳에 쌓인 눈이나 흙이 거센 비바람이나 충격으로 갑자기 무너져 내리는 걸 가리키지요. 또 소의 무릎 뒤쪽 살도 고유어로 '사태'라고 해요.

사퇴
辭(말씀 사) 退(물러날 퇴)

> 비리 의원은 즉각 **사퇴**해야 한다.
> 형은 전교 회장 후보에서 **사퇴**했어.

사퇴는 맡은 일을 그만두고 물러나는 거예요. '장관직을 사퇴하다', '의원직에서 사퇴하다'처럼 쓸 수 있어요. 비슷한말로 '사임'과 '사직'이 있어요. 사퇴할 때 내는 문서는 '사퇴서', '사직서'라고 하지요. 이때 잘못 말해서 '사태서'라고 하면 어떤 사건의 상황에 대한 문서라는 뜻이 되니까 틀리지요. 그럼 '사태'와 '사퇴'를 헷갈려서 창피한 일이 생기는 사태가 없도록 좀 더 연습해 볼까요?

1 밑줄 친 낱말의 뜻이 나머지 셋과 <u>다른</u> 것을 골라 보세요. ( )

① 미국이 초대형 허리케인으로 국가 비상**사태**를 선포했다.

② 비행기 운항이 중단되자 항공사는 **사태** 수습에 나섰다.

③ 소고기 **사태**는 국이나 찌개, 장조림 등의 요리에 많이 사용된다.

④ 최고의 할인 판매 광고가 나가자 백화점 주변에 한꺼번에

　수천 명의 사람이 몰리는 **사태**가 벌어졌다.

2 다음 빈칸에 들어갈 낱말을 찾아 선으로 이어 주세요.

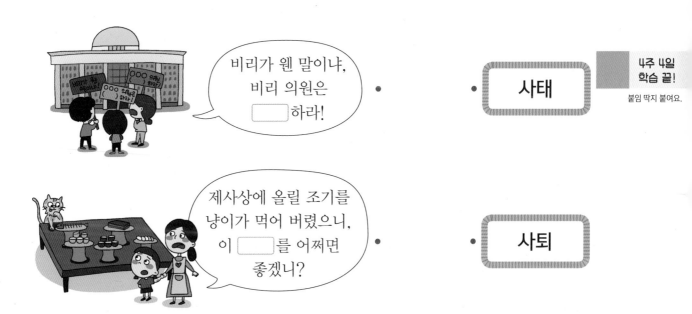

비리가 웬 말이냐, 비리 의원은 ☐☐하라!

제사상에 올릴 조기를 냥이가 먹어 버렸으니, 이 ☐☐를 어쩌면 좋겠니?

• 사태

• 사퇴

4주 4일 학습 끝!

붙임 딱지 붙여요.

3 밑줄 친 부분과 바꿔 쓸 수 있는 낱말을 골라 ○ 하세요.

사장이 갑자기 **회사를 그만두는** 바람에 직원들이 혼란에 빠졌다.

사태　　　사퇴　　　사절

앞뒤에 붙는 말 알아보기

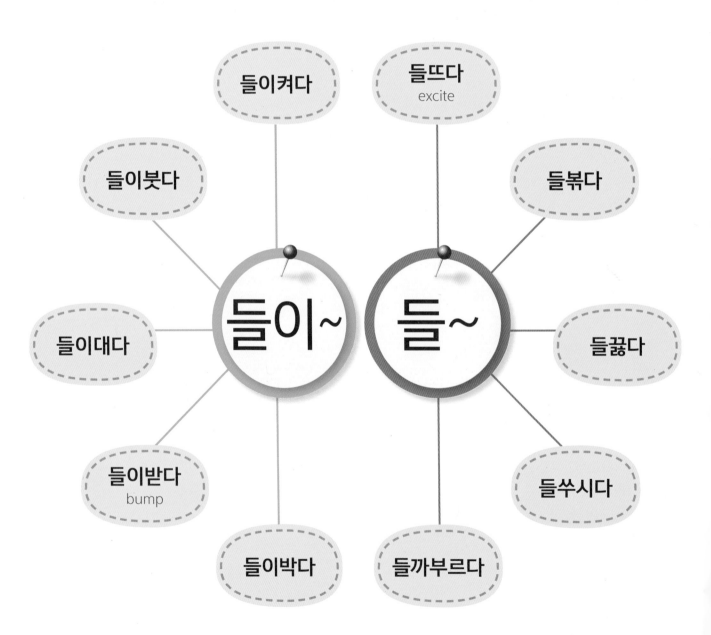

들이켜다

들뜨다
excite

들이붓다

들볶다

들이대다

들이~ 들~

들끓다

들이받다
bump

들쑤시다

들이박다

들까부르다

1 다음 설명이 가리키는 낱말을 보기 에서 찾아 빈칸에 쓰세요.

① 물이나 공기, 숨을 단숨에 마구 마시다

② 머리를 세게 부딪치다

③ 마구 쏟아 넣거나 마구 부어 대다

④ 깊이 들어가도록 꽂다

⑤ 어떤 물건을 바짝 가까이 갖다 대다

들이

보기   대다   받다   붓다   박다   켜다

2 밑줄 친 설명에 알맞은 낱말을 보기 에서 찾아 빈칸에 쓰세요.

① 여름철에는 날벌레가 **많이 모여들어 득시글하기** 때문에 쓰레기를 제때 버려야 해.

② 어른들이 공부하라고 **잔소리하면서 못살게 굴면** 공부하고 싶은 마음이 사라져.

③ 내일 놀러 갈 생각에 **마음이 쉽게 가라앉지 못하고 어수선해.**

보기   들뜨다   들끓다   들볶다

들이켜다
들이+켜다

'들이~'나 '들~'이 붙은 낱말에는 '마구', 또는 '심하게', '지나치게'라는 뜻이 더해져요. **들이켜다**는 물 같은 액체를 단숨에 마구 마시거나, 공기나 숨을 세차게 들이마시는 행동이에요.

들이붓다
들이+붓다

들이붓다는 '마구 부어 대다', '마구 쏟아 넣다'라는 뜻이에요. 원래 '붓다'는 물 같은 액체나, 밀가루 같은 가루를 다른 곳에 담는 거예요. 여기에 '들이~'가 붙으면서 더 거침없고 거센 말이 되었어요.

들이대다
들이+대다

들이대다는 어떤 물건을 바짝 갖다 댄다는 뜻으로, '고양이만 보면 사진기를 들이댔다.'처럼 쓸 수 있어요. 또 '장사 밑천을 들이대다'처럼 돈이나 물건 같은 것을 대준다는 뜻도 있어요.

들이받다
들이+받다

들이받다는 '황소가 나무를 들이받다.', '승용차가 가로수를 들이받다.'처럼 움직이는 것이 어딘가 가서 부딪치는 거예요. 주로 머리를 부딪친 경우에 써요.

들이박다
들이+박다

들이박다는 '들이받다'와 뜻이 비슷하지만 '들이받다'보다 좀 더 세게 어딘가에 부딪치는 거예요. 안으로 더 깊이 박는다는 의미도 담겨 있지요. 또는 화가 나서 마구 덤비고 맞서 대드는 것을 뜻하기도 해요.

들뜨다
들+뜨다

'소풍에 들떠서 잠도 제대로 못 잤어.'처럼 **들뜨다**는 어떤 일에 흥분해서 쉽게 가라앉지 못하고 마음이 들썩들썩한 거예요. 또 '벽지가 들떴다.'처럼 붙어 있던 게 떨어져 틈이 생겼다는 뜻도 있어요.

들볶다
들+볶다

'볶다'에는 '성가시게 굴어 사람을 괴롭히다'라는 뜻이 있어요. 여기에 '들~'을 붙이면 좀 더 심하게 잔소리를 하거나 까다롭게 굴면서 사람을 못살게 군다는 뜻의 **들볶다**가 돼요.

들끓다
들+끓다

들끓다는 사람이나 작은 동물들이 한곳에 많이 모여들어 어수선하게 움직이는 것을 말해요. 비슷한말로 '득시글거리다', '우글거리다'가 있어요. 기쁨, 분노 등 감정이 세게 북받쳐 오를 때도 '들끓다'라고 해요.

들쑤시다
들+쑤시다

들쑤시다는 가만히 있는 것을 자꾸 건드려 귀찮게 한다는 뜻이에요. 이미 다 지난 일인데 다시 끄집어내 파헤친다든지, 무엇을 찾으려고 여기저기 마구 들추는 행동을 가리키기도 해요.

들까부르다
들+까부르다

들까부르다는 위아래로 마구 흔들어 대는 행동이에요. 주로 곡식에 있는 먼지를 날리기 위해 키에 곡식을 담아 위아래로 흔드는 것을 '들까부르다'라고 해요.

자음과 모음에 따라 다른 어감

'물을 마시다'라고 할 때와 달리 '물을 들이마시다'라고 하면 물을 심하게 벌컥벌컥 삼키는 모습이 떠올라요. 이처럼 같은 상황이라도 어떤 낱말을 쓰느냐에 따라 어감이 확 달라져요. '어감'은 말(말씀 어, 語)의 느낌(느낄 감, 感)이란 뜻으로, 외래어로는 '뉘앙스', 고유어로는 '말맛'이라고 해요. 특히 자음과 모음을 어떻게 쓰느냐에 따라 어감이 달라져요. ㅏ, ㅑ, ㅗ, ㅛ와 같은 모음이 ㅓ, ㅕ, ㅜ, ㅠ, ㅡ, ㅣ와 같은 모음보다 훨씬 밝고 가벼운 느낌을 줘요. 또 ㄱ, ㄷ, ㅂ, ㅅ, ㅈ이 ㄲ, ㄸ, ㅃ, ㅆ, ㅉ보다 훨씬 가벼운 어감이에요. 다음 글을 보면서 어감이 어떻게 다른지 살펴보아요.

〈밝고 가벼운 느낌〉	〈좀 더 무거운 느낌〉
우리 가족은 어제 산에 놀러 갔어요. 가을이라 나뭇잎이 **발갛게** 물들어 무척 아름다웠어요. 우리는 **찰랑찰랑** 흐르는 시냇물을 한참 구경했어요. 동생이 시냇가로 **아장아장** 걸어가 자갈 하나를 들고 **방긋** 웃었어요.	우리 가족은 어제 산에 놀러 갔어요. 가을이라 나뭇잎이 **벌겋게** 물들어 무척 아름다웠어요. 우리는 **출렁출렁** 흐르는 시냇물을 한참 구경했어요. 형이 시냇가로 **어정어정** 걸어가 자갈 하나를 들고 **벙긋** 웃었어요.

'발갛게', '찰랑찰랑'이 '벌겋게', '출렁출렁'보다 훨씬 밝은 느낌을 주지.

'아장아장'이 '어정어정'보다 가벼운 느낌이에요.

'방긋'은 '벙긋'보다 밝고 가벼운 느낌이고요.

1 밑줄 친 낱말이 문장에 어울리지 <u>않는</u> 것을 골라 보세요. (　　)

① 날이 덥고 목이 타서 물을 벌컥벌컥 **들이켰어요.**

② 음식물 쓰레기를 그대로 두어 파리가 **들끓게** 되었어요.

③ 흉기를 **들이박으며** 겁을 주던 강도를 시민들이 용감하게 쫓아가 잡았어요.

④ 어젯밤엔 여행 갈 생각에 **들떠서** 잠도 제대로 못 잤어요.

2 빈칸에 알맞은 낱말을 선으로 이어 주세요.

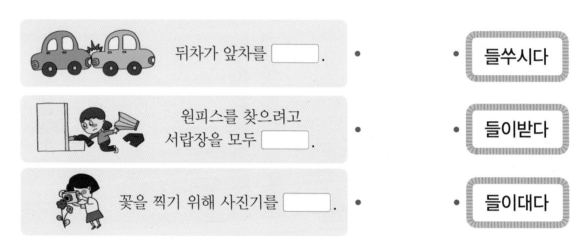

뒤차가 앞차를 ☐.　　•　　•　**들쑤시다**

원피스를 찾으려고
서랍장을 모두 ☐.　　•　　•　**들이받다**

꽃을 찍기 위해 사진기를 ☐.　　•　　•　**들이대다**

3 속뜻짐작 두 친구가 말하는 낱말을 보기에서 찾아 ○ 하세요.

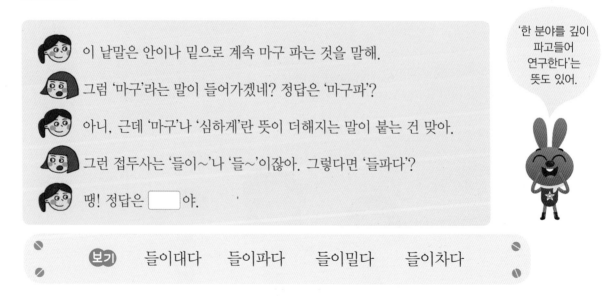

이 낱말은 안이나 밑으로 계속 마구 파는 것을 말해.

그럼 '마구'라는 말이 들어가겠네? 정답은 '마구파'?

아니, 근데 '마구'나 '심하게'란 뜻이 더해지는 말이 붙는 건 맞아.

그런 접두사는 '들이~'나 '들~'이잖아. 그렇다면 '들파다'?

땡! 정답은 ☐ 야.

'한 분야를 깊이
파고들어
연구한다'는
뜻도 있어.

| 보기 | 들이대다　　들이파다　　들이밀다　　들이차다 |

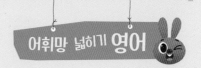

어휘망 넓히기 영어

'들이~', '들~'에는 '지나치게', '함부로'라는 뜻이 담겨 있어요.
'지나치게', '넘치게(over)'라는 뜻을 지닌 영어 단어를 알아보아요.

overeat

over에는 '지나치게', '넘치게'라는 뜻이 담겨 있어요. overeat은 '지나치게'라는 뜻의 over와 '먹다'라는 뜻의 eat이 합쳐진 말로, '지나치게 먹다', '과식하다'라는 뜻이에요.

overwork

overwork는 '과로하다'라는 뜻이에요. '일을 하다'라는 뜻의 work와 over가 합쳐진 말이지요. '과로하지 마세요.'라고 말할 때는 'Don't overwork yourself.'라고 하면 돼요.

Don't overwork yourself.

4주 5일
학습 끝!

붙임 딱지 붙여요.

overuse

overuse는 '함부로 사용하다', '남용하다'라는 뜻이에요. use는 '사용하다'라는 말이거든요. '샴푸를 너무 많이 쓰는 것은 좋지 않아.'라고 할 때는 'It is not good to overuse shampoo.'라고 말하면 돼요.

overcharge

overcharge는 '바가지를 씌우다'라는 뜻이에요. charge에는 '값을 청구하다'라는 뜻이 있어요. 'The taxi driver tried to overcharge me.'는 '택시 기사가 나에게 바가지를 씌우려 했다.'는 뜻이랍니다.

Don't overcharge me.
(나한테 바가지 씌우지 마세요.)

QR 찍고 발음 듣기

정해 놓고 다니는 '단골집'

옛날엔 가족 누군가 병이 들면 무당을 불러 굿을 했어.

잡귀야 물러가라

굿을 할 때마다 늘 정해 놓고 무당을 불렀지.

지정 무당

그 무당을 '당골' 또는 '단골'이라 불렀어.

오

그래서 늘 정해 놓고 거래하는 곳을 '단골집'이라 했지.

아~

그 말이 요즘에 와선 자주 찾는 가게를 '단골집'이라 하지.

오늘 점심은 이 식당에서 먹어 볼까?

단골집

오늘 한번 먹어 보고 이름대로 단골이 될지 보자고.

그러자고

143

1주 13쪽 먼저 확인해 보기

1.

1주 16쪽 속뜻 짐작 능력 테스트

1. 직전

2.
① 이건 내가 집에서 (**직접** · 직계) 구운 쿠키야. 먹어 볼래?

② 우리 집에서 외가까지 바로 가는 (직각 · **직행**) 버스가 있어.

③ 한여름에 뜨거운 (**직사광선** · 직립 보행)을 받으며 오래 서 있으면 위험해.

3. ③

직송은 '곧을 직(直)'과 '보낼 송(送)' 자가 합쳐진 말로 중간에 다른 곳을 거치지 않고 바로 보낸다는 뜻이에요.

1주 19쪽 먼저 확인해 보기

1.

1주 22쪽 속뜻 짐작 능력 테스트

1.

2. ③

3. ①

'교류'는 어떤 지역이나 나라의 문화, 과학, 기술, 사상 등을 서로 주고받는 거예요.

1주 25쪽 먼저 확인해 보기

1.

2.
① 모양, 색깔, 종교나 성별, 인종 같은 여러 가지 특성(세 글자)	다 **호** **양** 지 구 **성**
② 감정으로 판단하고 행동하는 것.(두 글자)	사 **감** 요 정 **성** 성
③ 남자, 여자를 나눔.(두 글자)	양 겸 **성** 대 **별** 등
④ 물체가 움직이던 방향으로 계속 움직이려는 성질(두 글자)	색 곰 회 **관** 양 **성**

1주 28쪽 속뜻 짐작 능력 테스트

1.

2.

| 특성 | ✕ | 사람의 성질이나 인격 | — | 됨됨이 |
| 성품 | | 어떤 사람이나 물건이 지닌 특수한 성질 | — | 특이성 |

3. ④

'성능'은 어떤 물건이 갖고 있는 성질(성품 성, 性)과 능력(능할 능, 能)이란 뜻이에요. 특히 카메라, 컴퓨터, 자동차 등 기계에 대해 말할 때 사용하는데, '성능이 좋다', '성능이 뛰어나다'처럼 쓸 수 있어요.

`1주 31쪽` 먼저 확인해 보기

1.

`1주 34쪽` 속뜻 짐작 능력 테스트

1.

제1회 개성 있는 얼굴 대회를 엽니다. 참가자들은 서로 **3** 의 얼굴 생김새, 즉 **1** 을 보고 눈과 코, 입술에 대해 각각 10점 만점으로 점수를 매깁니다. 이 점수를 합해서 **2** 방식으로 다른 사람에 비해 점수가 높은 사람을 1등으로 뽑는다고 합니다.

2. ②

'상속'은 서로(서로 상, 相) 이어 간다는(이을 속, 續) 뜻으로 다음 자손에게 어떤 물건이나 기업 등을 물려준다는 뜻도 있어요. '대물림'과 뜻이 비슷해요.

3. 상반

'상반'(서로 상 相, 돌이킬 반 反)은 서로 반대되거나 서로 어긋나는 것을 말해요. 비슷한말로 '반대'가 있어요.

`1주 37쪽` 먼저 확인해 보기

1.

`1주 40쪽` 속뜻 짐작 능력 테스트

1. 세련

2.

주방 ☐ 가 다 떨어져서 설거지를 못 하겠네.	✕	세수
세수하고 머리를 감으려면 ☐ 를 꼭 챙겨야 해.		세제
얼굴이 땀범벅이네. 얼른 ☐ 하고 와.		세면도구

3. ②

'세뇌'(씻을 세 洗, 뇌 뇌 腦)는 본래 갖고 있던 생각을 버리게 하고 어떤 생각을 억지로 집어넣는다는 말로, 이때 '세' 자는 '씻어 없애다'는 뜻으로 쓰였어요. '세상'의 '세' 자는 '세상 세(世)'이고, '세시'의 '세' 자는 '해 세(歲)' 자예요. '만세'에도 '해 세(歲)' 자가 쓰였는데, 만세는 기뻐서 두 손을 들고 소리칠 때 내는 소리예요.

`2주 45쪽` 먼저 확인해 보기

1.

2.

해로움이 있음.

오랫동안 비가 오지 않아 생기는 피해

비가 너무 많이 내려서 생기는 피해

해가 되기만 하고 전혀 이롭지 않음.

수해

백해무익

가뭄해

유해

2주 48쪽 속뜻 짐작 능력 테스트

1. ①

2. ④

3. 박해

'박해'는 아주 못살게 괴롭혀서(핍박할 박, 迫) 해롭게(해칠 해, 害) 하는 것을 말해요. 조선 후기에 나라에서 천주교를 금지하기 위해 천주교도들을 박해한 사건이 있었어요. 1801년 신유년에 일어났기 때문에 이를 신유박해라고 해요.

2주 51쪽 먼저 확인해 보기

1.

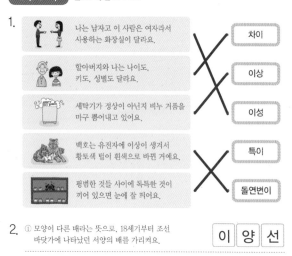

나는 남자고 이 사람은 여자라서 사용하는 화장실이 달라요.

할아버지와 나는 나이도, 키도, 성별도 달라요.

세탁기가 정상이 아닌지 비누 거품을 마구 뿜어내고 있어요.

백호는 유전자에 이상이 생겨서 황토색 털이 흰색으로 바뀐 거예요.

평범한 것들 사이에 독특한 것이 끼어 있으면 눈에 잘 띄어요.

차이

이상

이성

특이

돌연변이

2. ① 모양이 다른 배라는 뜻으로, 18세기부터 조선 바닷가에 나타나던 서양의 배를 가리켜요.

이 양 선

② 보통과 다른 경우를 말해요.

이 례 적

③ 다른 나라 사람이란 뜻이에요.

이 방 인

2주 54쪽 속뜻 짐작 능력 테스트

1.

동성 친구와 □ 친구 중에 누가 더 좋아?

이번 선거는 □(으)로 투표율이 높았다.

남의 나라에 사는 □이/가 된 기분이야.

이례적

이성

이방인

2. ① 의, ② 상, ③ 차, ④ 변

3. 이색적

'이색적'은 보통의 것과는 색다른 느낌이라는 뜻이에요. '이색적 풍습', '이색적 풍경'처럼 써요.

2주 57쪽 먼저 확인해 보기

1.

2주 60쪽 속뜻 짐작 능력 테스트

1.

2.

살 뺀다고 무조건 굶는 건 극약 처방이야. —— 심하다 ╳ 극본

이 무언극은 대사가 없어도 정말 재밌어. —— 연극 ╳ 극렬

3.

연극
배우
모집

◎ 심심한 것을 싫어하는 사람
◎ 무대 위에서 자신의 재주를 마음껏 뽐내고 싶은 사람
이런 분들은 우리 '만두 극단 '으로 오세요.
지금 010 - ○○○○ - ○○○○으로 연락하세요.

'극단'(연극/심할 극 劇, 둥글/모일 단 團)은 연출, 작가, 배우, 음향 및 조명 담당자 등 연극을 공연하기 위해 모인 사람들의 집단이에요.

2주 63쪽 먼저 확인해 보기

1.

① 시험 성적이 적혀 있는 표예요. ⇒ 성 적 표

② 앞으로 해야 할 일의 순서, 방법 등을 정리해 놓은 표예요. ⇒ 계 획 표

③ 감정이나 기분이 얼굴에 나타나는 것을 말해요. ⇒ 표 정

④ 여러 자료를 조사해서 한눈에 내용을 볼 수 있도록 표로 나타낸 거예요. ⇒ 도 표

⑤ 어떤 것의 가장 바깥쪽, 즉 겉면을 뜻해요. ⇒ 표 면

⑥ 동물의 피부, 또는 가죽처럼 동식물의 가장 바깥쪽에 있는 껍질이에요. ⇒ 표 피

⑦ 자신의 생각이나 의견, 조사한 결과 등을 사람들에게 알리는 거예요. ⇒ 발 표

⑧ 반이나 회사 같은 모임에서 여러 사람의 의견을 정리하며 모임을 이끌어 가는 우두머리예요. ⇒ 대 표

① 성	적	표	계	디	④ 도	표	줄	홍
적	도	절	성	획	디	절	공	③ 표
시	⑦ 주	발	표	안	표	리	강	정
험	간	계	획	상	박	기	설	주
⑥ 표	피	표	준	⑧ 대	표	수	⑤ 표	면

2주 66쪽 속뜻 짐작 능력 테스트

1.

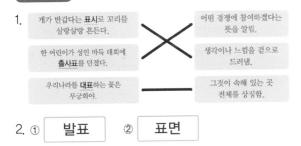

개가 반갑다는 **표시**로 꼬리를 살랑살랑 흔든다. ╳ 어떤 경쟁에 참여하겠다는 뜻을 알림.

한 어린이가 성인 바둑 대회에 **출사표**를 던졌다. ╳ 생각이나 느낌을 겉으로 드러냄.

우리나라 **대표**하는 꽃은 무궁화야. ╳ 그것이 속해 있는 곳 전체를 상징함.

2. ① 발표 ② 표면

3. ①

'공표'는 여러 사람에게 널리(공평할 공, 公) 알린다는(겉 표, 表) 뜻이에요. '학교에서 급식 규칙을 새로 공표했다.', '아빠는 금연하겠다고 공표했다.'처럼 써요. '공개 발표'나 '발표'라고 말해도 돼요.

2주 69쪽 먼저 확인해 보기

1.

① 두 나라 정부가 무역 ㅂ 을 맺었습니다.

② 이 프로그램은 〈주식회사 다먹어〉의 ㄱ 을 받아 제작되었습니다.

③ 국악과 클래식의 ㄹ 이 멋집니다.

④ 동생과 나는 고양이를 키울지 말지 ㅁ 을 했습니다.

⑤ 고양이를 키우는 대신 컴퓨터를 내가 쓰기로 ㄷ 했어요.

⑥ 전국 감자 ㄴ 회원들이 감자 먹기 캠페인을 벌이고 있습니다.

2.

① 여러 음이 잘 어울리지 않게 나는 소리를 (**불협화음** / 협주곡) 이라고 해요.

② 같은 일을 하는 사람끼리 힘을 합쳐 물건을 사고팔아서 이익을 나누는 조직을 (**협동조합** / 협동) 이라고 해요.

③ 범인을 잡기 위해 학부모와 경찰이 (협찬 / **협조**)하기로 했어요.

2주 72쪽 속뜻 짐작 능력 테스트

1.

① 두 나라가 전쟁을 중단하고 평화를 유지하기로 (협연 / **협정**) 맺었습니다.

② 우리 회사는 TV 프로그램 〈고양이 나라〉에 참치 통조림을 (협상 / **협찬**)니다.

③ 비상시에는 노약자 먼저 대피하도록 적극 (**협조** / 타협)해 주시기 바랍니다.

2.

① ╳ 협동조합

② ╳ 협의

③ ╳ 협력

3. 협약

'협약'(도울 협 協, 맺을 약 約)은 협상해 조약을 맺는다는 뜻으로, 어떤 일이 생겼을 때 서로 문제점을 의논해 어떻게 하기로 약속하는 것을 말해요. '협상 조약'이라고도 해요

3주 79쪽 먼저 확인해 보기

1. 연시 · 종례 · 시동 · 종점 · 원시인

2.

| 반복하던 일의 마지막 회예요. | 처음 상태에서 발달하지 않은 거예요. | 죽음을 맞이하는 거예요. | 일이 끝나는 거예요. | 지구에 생물이 처음 생겨난 시대예요. |

종료 · 원시 · 최종회 · 임종 · 시생대

3주 82쪽 속뜻 짐작 능력 테스트

1.

연말 — 시작
종료 — 연시
종례 — 조회

2. ④

'종례'는 수업이나 업무 등 하루 일과를 모두 끝내고 하는 인사이고, 반대로 하루 일과가 시작되기 전에 갖는 모임은 '조회'라고 해요. 따라서 ④의 '아침 종례 시간'은 '아침 조회 시간'으로 고쳐야 맞는 표현이에요.

3. ②

'시종일관'은 처음부터(처음 시, 始) 끝까지(마칠 종, 終) 일관(한 일 一, 꿸 관 貫)하다는 말이에요. 즉 처음부터 끝까지 변하지 않고 한결같은 태도를 보일 때 쓰는 말이에요.

3주 85쪽 먼저 확인해 보기

1. 오르다 / 내리다 ✕ 강동 / 승마 ✕ 탑승권 / 급강하 ✕ 강설량 / 승차

2.

가로 ① 비행기나 버스, 지하철에 탐.
세로 ① 비행기나 배, 기차에서 손님에게 운행과 관련된 것을 안내하고 여행을 돕는 사람

보기 무 원 탑

①탑	①승
무	
원	

가로 ② 비행기를 국제선에서 국내선으로 갈아타는 것처럼 다른 노선이나 교통수단으로 갈아탐.
세로 ② 비행기, 배, 지하철 등에 타기 위한 입구

보기 환 구 탑

	②탑
②환	승
	구

가로 ③ 비나 눈, 우박 등의 물이 일정 기간 동안 땅에 내린 양
세로 ③ 비가 일정 기간 동안 땅에 내린 양

보기 수 우

③③	수	량
강		
우		
량		

3주 88쪽 속뜻 짐작 능력 테스트

1.

가온 □(으)로 미처 뽑지 못한 배추가 얼었어요. — 급강하

이 차를 타면 □하지 않고 목적지까지 바로 갈 수 있나요? — 환승

1번 □구로 가서 비행기를 타세요. — 탑승

석유 값이 4주간 계속 □했다고 운전자들이 기뻐합니다. — 하강

2. **강우량** 승강장 승무원

3. 동승

'동승'은 자동차나 비행기, 배에 함께(한가지 동, 同) 탄다는(탈 승, 乘) 뜻이에요. 여기에 '사람 자(者)' 자를 붙인 '동승자'는 함께 탄 사람을 가리키지요. '시승'은 시험적으로(시험 시, 試) 타 본다는 뜻이에요. '자율 주행 자동차에 시승해 본 적 있니?'처럼 쓸 수 있어요.

3주 91쪽 먼저 확인해 보기

1.

| 직선 | 직면 | 굴곡 |
| 직언 | 곡선 | 곡면 |

2.

① 사실과 다르게 해석한다는 말이야.
② 건전지를 일렬로 연결한 것을 말해.
③ 듣는 사람이 기분 나쁘지 않게 말하는 태도야.
④ 목표물로 곧바로 날아가 맞힌 총알이나 포탄이야.

④ 직격탄   ② 직렬   ③ 완곡   ① 왜곡

3주 94쪽 속뜻 짐작 능력 테스트

1.

피아노를 못 친다고 민수에게 □□하면 민수가 상처받을 거야.

민수에게 피아노 연습을 좀 더 하면 잘할 것 같다고 □□하게 말해야지.

완곡   직언

2.
① 거제도 해안선은 반듯하지 않고 (**굴곡** /직렬)이 심하다.
② 기자는 사실과 다른 (곡류 /**왜곡**)의 기사를 쓰면 안 된다.
③ 난 힘든 상황에 (**직면** /곡면)했을 때 꼭 이 책을 본다.
④ 자를 대고 그으면 (왜곡 /**직선**)을 금방 그릴 수 있다.
⑤ 선수가 친 공이 둥그렇게 (**곡선** /직렬)을 그리며 날아간다.

3. ①
'불문곡직'(아니 불/부 不, 물을 문 問, 굽을 곡 曲, 곧을 직 直)은 굽음과 곧음을 묻지 않는다는 말이에요. 즉 어떤 일의 옳고 그름을 묻지 않는다는 뜻으로, 주로 잘잘못을 따지지 않고 다짜고짜 행동할 때 많이 써요. '첩첩산중'은 여러 산이 겹친 깊은 산속을 뜻하고, '사시사철'은 봄, 여름, 가을, 겨울 사계절을 가리켜요.

3주 97쪽 먼저 확인해 보기

1.
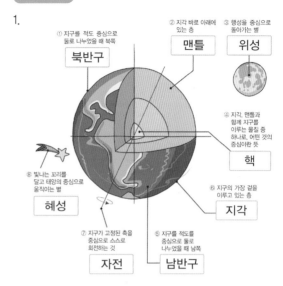

① 지구를 적도 중심으로 둘로 나누었을 때 북쪽
북반구

② 지각 바로 아래에 있는 층
맨틀

③ 행성을 중심으로 돌아가는 별
위성

④ 지각, 맨틀과 함께 지구를 이루는 물질 중 하나로, 어떤 것의 중심이란 뜻
핵

⑧ 빛나는 꼬리를 달고 태양의 중심으로 움직이는 별
혜성

⑥ 지구의 가장 겉을 이루고 있는 층
지각

⑦ 지구가 고정된 축을 중심으로 스스로 회전하는 것
자전

⑤ 지구를 적도를 중심으로 둘로 나누었을 때 남쪽
남반구

3주 100쪽 속뜻 짐작 능력 테스트

1.
아빠, 여름 방학 때 저랑 별 보러 가 주셔서 고마워요. 망원경 속에 반짝이던 별이 금성이라고 하셨죠? 저는 그렇게 반짝이는 별이 지구처럼 태양 주위를 도는 **1** 이라는 데 깜짝 놀랐어요. 지구도 멀리서 보면 금성처럼 빛날까요? 한여름이라 더워서 짜증을 내니까 아빠가 "조금만 참아라. 지구는 1년에 한 번 태양 주위를 도는 **5** 을 하니까 곧 가을이 온 거다."라고 하셨죠? 가을에 또 별 보러 가요.

2.

지구가 당기는 힘이 미치지 않는 곳인가?

사람도 물건도 공중에 둥둥 떠다니네.

중력 이 없어서 그래.

3. 불의 고리
'불의 고리'는 지진과 화산 활동이 자주 일어나는 지역으로 세계 지도에 표시해 보면 태평양을 고리 모양으로 두르고 있어 '고리 환(環)' 자를 붙인 '환태평양 지진대'라고도 해요.

3주 103쪽 먼저 확인해 보기

1.

3주 106쪽 속뜻 짐작 능력 테스트

1. ④

'인재'는 화재, 폭발 등 사람(사람 인, 人)의 실수나 잘못으로 생긴 재해(재앙 재, 災)예요. 반면 홍수나 산사태, 가뭄, 지진, 태풍, 화산 같은 '자연재해'는 자연 현상이 원인이 되어 일어난 거예요.

2. 태풍 '우르르'가 다가온다는 소식에 ○○시는 파도를 막기 위해 새로 쌓은 **방파제** 에 문제가 없는지 살펴보았습니다. 태풍이나 지진처럼 자연 현상에 의해 일어나는 **자연재해** 는 사람이 완벽히 막기 힘듭니다. 특히 우리나라는 날씨로 인한 재해인 **기상 재해** 가 자주 일어나므로 이에 철저히 대비해 피해를 줄이는 것이 중요합니다.

3. 황사

'황사'는 누런(누를 황, 黃) 모래(모래 사, 沙)란 뜻으로, 중국 황토 지대에서 불어오는 누렇고 미세한 모래 먼지를 말해요. 이 누런 모래가 바람을 타고 날아와 떨어지는 것을 '황사 현상'이라고 하지요.

4주 113쪽 먼저 확인해 보기

1.

상대방의 의견이 자신과 **상**반돼도 존중하자. 2

김옥균은 조선 고종 때의 개화 사**상**가였어. 3

열대 지방에 눈이 왔다니 정말 이**상**해. 1

밥을 먹고 후식까지 먹다니 이**상**적이야. 3

수**상**한 사람이 나타나면 나에게 전화해. 1

2.

4주 116쪽 속뜻 짐작 능력 테스트

1. ②

2. 이상

3.

'상관'은 '서로(서로 상, 相) 관련이 있다.', '남의 일에 참견한다.'는 뜻이에요. '내 일에 상관하지 마라.'처럼 쓰지요. '예상'은 미리 생각해(생각 상, 想) 두는 거예요. '예상 문제', '예상대로 되다'로 말해요. '상온'은 '늘(항상 상, 常) 일정한 온도'나 가열이나 냉장을 하지 않은 '보통 상태의 온도'를 뜻해요. '이 제품은 상온에 보관하세요.'처럼 쓰지요.

4주 119쪽 먼저 확인해 보기

1.

① 학급 회장이 청소를 **주도**적으로 하고 있어요.

② 미세먼지가 몸에 해롭다는 건 **주지**의 사실이에요.

③ 이모는 벌써 3년째 부산에 **상주**하고 있어요.

④ 할머니 댁은 마당이 넓은 단독 **주택**이에요.

⑤ 라디오는 방송국마다 **주파수**가 달라요.

⑥ 전에는 절에 살며 절을 살피는 **주지** 스님이 있어요.

⑦ 할머니가 돌아가셨을 때, 아빠가 장례식의 **상주**였어요.

⑧ 수업이 끝나면 우리는 책상 **주변**을 깨끗하게 치워요.

⑨ 이번 연극에서 내가 **주인공**을 맡았어요.

⑩ 여행 계획은 빈틈없이 용의**주도**하게 짜야 해요.

주인 ① ⑦ ⑨

살다 ③ ④ ⑥

두루 ② ⑤ ⑧ ⑩

4주 122쪽 속뜻 짐작 능력 테스트

1.

2.

부모님은 예쁜 꽃밭이 있는 아담한 **집**에서 살고 싶어 하세요. → 주택

길고양이가 내 **언저리**를 계속 맴돌았어요. → 주변

3. ①

'일주'(한 일 一, 두루 주 周)는 '세계 일주'처럼 일정한 지역을 한 바퀴 돈다는 뜻이에요. 한 주일, 또는 첫 번째 주기라는 뜻의 '일 주'(한 일 一, 주일/돌 주 週)도 있어요. ①의 '일주'는 한 주일이란 뜻으로 쓰였고, 그 외 ②, ③, ④의 '일주'는 보기처럼 한 바퀴 돈다는 뜻으로 쓰였어요.

4주 128쪽 속뜻 짐작 능력 테스트

1. ④

①, ②, ③의 '주의'는 정신을 차리고 미리 조심하는 것을 뜻하는 '주의'(물댈 주 注, 뜻 의 意)예요. 하지만 ④의 '주의'는 평소 자신이 믿고 지키는 생각이나 행동 원칙을 뜻하는 '주의'(주인 주 主, 옳을 의 義)예요.

2.

어제 **1** 이 됨. **1** 이 되려면 9년 더 기다려야 해요.

지혜와 덕이 높은 **2** 도 제 식구들을 먹여 살리지 못하면 바가지를 긁습니다.

3. ① 마을 축제 손님 안내하는 일에 **자원**했어요. (ㄱ)

② 우리나라는 에너지 **자원** 개발에 많은 투자를 하고 있어요. (ㄴ)

4.

〈비밀의 **정원**〉이 관광객들로 만원이라고 한다.

여행 상품의 신청자가 **정원**을 초과했다.

✕

규칙에 따라 정한 인원

집에 가꾸어 놓은 꽃밭이나 뜰

5.

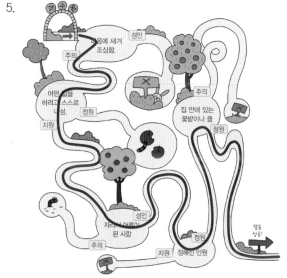

4주 131쪽 속뜻 짐작 능력 테스트

1. ① 엄마가 음식값을 신용 카드로 **결제** 했다.

② 요즘에는 전자 서명으로 **결재** 하는 회사가 많다.

2. 화장실 사용에 대한 계획서를 만들어 아빠에게 (결제 / **결재**)해 달라고 했어요.

3. ①

151

4주 133쪽 속뜻 짐작 능력 테스트

1. 조정   **조종**

2.

| 어떤 상황에 알맞게 정돈하는 것 | ✕ | 조종 |
| 비행기나 배 같은 기계를 다루어 작동하는 것 | | 조정 |

3. ②

보기 의 '조정'은 어떤 기준이나 상황에 알맞게(고를 조, 調) 정돈하는(가지런할 정, 整) 것을 뜻해요. ② 의 구조 조정은 기업의 구조를 알맞게 정돈한다는 뜻으로 보기 의 조정과 같은 뜻으로 쓰였어요. ①의 '조정'은 옛날 임금과 신하들이 모여서 나라의 정치를 의논하던 곳을 뜻하는 '조정'(아침 조 朝, 조정 정 廷)이에요.

4주 135쪽 속뜻 짐작 능력 테스트

1. ③

①, ②, ④의 '사태'는 벌어진 일(일 사, 事)의 상태나 상황(모양 태, 態), 형편을 뜻하고, ③의 '사태'는 소의 무릎 뒤쪽, 오금에 붙은 고기를 뜻해요.

2.

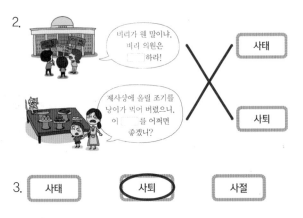

3.   사태   (사퇴)   사절

4주 137쪽 먼저 확인해 보기

1.

① 물이나 공기, 숨을 단숨에 마구 마시다
② 머리를 세게 부딪치다
③ 마구 쏟아 넣거나 마구 부어 대다
④ 깊이 들어가도록 꽂다
⑤ 어떤 물건을 바짝 가까이 갖다 대다

들이 | 켜다 / 받다 / 붓다 / 박다 / 대다

2. ① 여름철에는 날벌레가 **많이 모여들어 득시글득시글**하기 때문에 쓰레기를 제때 버려야 해.

들끓다

② 어른들이 공부하라고 **잔소리하면서 못살게 굴면** 공부하고 싶은 마음이 사라져.

들볶다

③ 내일 놀러 갈 생각에 **마음이 쉽게 가라앉지 못하고 어수선해.**

들뜨다

4주 140쪽 속뜻 짐작 능력 테스트

1. ③

'들이박다'는 몸을 어딘가에 세게 부딪치거나 뭔가를 깊숙이 박아 넣는다는 뜻으로 ③에서는 흉기를 '들이박으며'가 아니라 어떤 물건을 바짝 갖다 댄다는 뜻의 '들이대며'를 써야 해요.

2.

뒤차가 앞차를 _____.		들쑤시다
원피스를 찾으려고 서랍장을 모두 _____.	✕	들이받다
꽃을 찍기 위해 사진기를 _____.		들이대다

3. 들이파다

'파다'는 어떤 부분에 움푹한 구멍이나 구덩이를 만든다는 뜻이에요. 앞에 '마구', '심하게'란 뜻의 '들이~'가 붙은 '들이파다'는 아주 세게 파는 것을 뜻해요. 또는 어떤 분야에 몰두해 그것에만 집중하고 연구하는 것을 뜻하기도 해요.